远程办公

对员工工作绩效
和越轨创新的影响研究

涂婷婷◎著

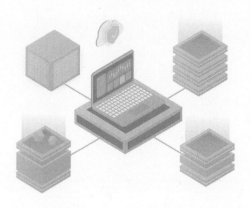

西南财经大学出版社

中国·成都

图书在版编目(CIP)数据

远程办公对员工工作绩效和越轨创新的影响研究/涂婷婷著.--成都:西南财经大学出版社,2025.1.--ISBN 978-7-5504-6651-7

Ⅰ.C931.4

中国国家版本馆 CIP 数据核字第 20258H3V05 号

远程办公对员工工作绩效和越轨创新的影响研究

YUANCHENG BANGONG DUI YUANGONG GONGZUO JIXIAO HE YUEGUI CHUANGXIN DE YINGXIANG YANJIU

涂婷婷　著

责任编辑:李建蓉
责任校对:陈何真璐
封面设计:墨创文化
责任印制:朱曼丽

出版发行	西南财经大学出版社(四川省成都市光华村街 55 号)
网　　址	http://cbs.swufe.edu.cn
电子邮件	bookcj@swufe.edu.cn
邮政编码	610074
电　　话	028-87353785
照　　排	四川胜翔数码印务设计有限公司
印　　刷	成都国图广告印务有限公司
成品尺寸	170 mm×240 mm
印　　张	9.75
字　　数	145 千字
版　　次	2025 年 1 月第 1 版
印　　次	2025 年 1 月第 1 次印刷
书　　号	ISBN 978-7-5504-6651-7
定　　价	58.00 元

前　言

　　随着经济形态的不断演变，越来越多的企业接受并采取新型远程办公模式，并制定相应政策和措施以支持员工进行远程办公。互联网信息技术的发展为远程办公提供了坚实基础，使得远程办公更加高效便捷。在这种模式下，员工可以更灵活地安排自己的工作时间，减少通勤时间成本，同时也能够更好地平衡工作与生活。此外，在全球化背景下，远程办公还有利于跨国企业间合作交流，降低沟通成本。然而，随着远程办公的不断发展，其"双刃剑"效应日益显著，尤其是对员工工作绩效和越轨创新的双重影响。在远程办公模式下，员工可能面临孤独感增加、沟通效率降低等问题；管理者也需要更多关注员工绩效评估和团队协作情况，这使得远程办公的负面影响逐渐显现。此外，在虚拟环境中进行创新与越轨行为监管也变得更加复杂。在这种背景下，深入研究远程办公对新员工绩效的影响机理以及远程办公对员工越轨创新的作用机制，不仅会丰富远程办公相关理论研究，而且对正视远程办公可能带来的负面影响并及时调整相应策略以确保组织运营稳健发展具有重要的现实指导意义。

　　本书通过文献综述发现，就影响效应而言，目前关于远程办公的影响效应尚未形成一致的观点；就研究内容而言，以往有关远程办公影响结果的研究主要集中在工作满意度、工作与家庭平衡、工作自主性和工作绩效等方面。一方面，鲜有针对新员工群体，并探讨远程办公与新员工工作绩效之间关系的研究；另一方面，关于远程办公对员工越轨创新的影响机制也相对缺乏深入研究。此外，关于远程办公与工作绩效或越轨创新之间关系的实证研究相对不足。因此，基于实践和理论的需要，本书选取员工个体作为研究对象，主要探讨远程办公对新员工工作绩效的影响机理以及远程办公对员工越轨创新的影响机理。具体而言，本书采用定性和定量相结合的研究方法展开探讨，主要包括以下两个子研究：子研究一，远程办公对新员工工作绩效的影响研究；子研究二，远程办公对员工越轨创新的影响研究。

本书包括：第一章绪论，主要介绍研究背景、研究意义、研究内容与研究目标以及研究创新点等。第二章远程办公文献综述，重点阐述远程办公的概念、测量方法、前因和影响结果。第三章深入分析远程办公对新员工这一群体工作绩效的影响机理。第四章探讨远程办公环境下员工越轨创新行为产生的原因及其内在动机，并通过实证数据支持相关观点。第五章总结了研究的主要发现，提出了对未来研究的展望。

本书的主要结论包括：第一，远程办公对新员工的工作绩效具有直接显著的正向影响作用。同时，组织社会化在远程办公和新员工工作绩效之间起显著的中介效应，情绪智力在远程办公与组织社会化关系间起显著的调节效应，且存在有调节的中介效应。与情绪智力水平较高个体相比，在情绪智力水平较低组中，远程办公对新员工工作绩效的影响更为显著，且情绪智力强化了组织社会化在远程办公与新员工工作绩效之间的中介作用。第二，远程办公对员工的越轨创新行为产生直接的积极影响。同时，在远程办公和越轨创新行为之间，角色宽度自我效能发挥着显著的中介作用；工作重塑也在远程办公和越轨创新行为之间扮演着重要的中介角色，并且存在链式中介效应。

本书的主要创新点和理论贡献在于：首先，本书采用了定量研究方法，研究对象为新员工，丰富了远程办公的群体性研究和相关实证研究。其次，本书基于资源保存理论和自我损耗理论，探讨了远程办公对新员工工作绩效的作用机制，丰富了远程办公的正向效应研究，阐明了远程办公作用于新员工工作绩效的内在机理，并丰富了情绪智力的负向效应研究。最后，本书基于工作要求—资源模型，研究了角色宽度自我效能和工作重塑在远程办公与员工越轨创新行为间的多重链式中介效应，剖析了远程办公作用于员工越轨创新的"黑箱"，拓展了越轨创新行为的前因研究。

本书的管理启示主要包括以下几点：首先，基于远程办公对新员工工作绩效的影响研究，企业针对新员工，需要采取以下措施，即积极推进远程办公相关管理和配套措施，以提升远程办公的有效管理水平；建立科学的线上培训体系和会议管理体系，加强组织内部沟通与协作；建立完善的企业人才招聘遴选标准，并根据岗位特征客观评估员工情绪智力水平，实现科学用人。其次，本书通过对远程办公对员工越轨创新行为的影响进行研究发现，企业应采取积极措施提供远程办公支持，充分发挥其对员工越轨创新行为的促进作用。管理者应重视提升员工角色认知宽度，并鼓励员工重新塑造工作方式。同时，管理者还应遵循适度原则，加强线上创新环境的有效管理。

总的来说，远程办公已经成为现代商务环境中不可或缺的一部分，它既符合时代潮流，又能够促进企业发展，但企业要综合考虑各种因素，找到最适合自身情况的方式进行实践。

涂婷婷

2024 年 9 月

目　录

第一章 绪论

第一节 研究背景

一、现实背景

（一）经济形态的变化和互联网技术的进步为远程办公提供坚实保障

在 21 世纪，远程办公已成为办公模式的新趋势。首先，随着经济形态的不断演变，许多企业逐渐接受新型的远程办公模式，并制定相应政策和措施以支持员工远程办公。同时，在线教育、远程医疗、在线咨询等服务模式的发展为远程办公带来了新的职业机会和工作方式。其次，互联网技术的不断进步，有效解决了远程办公所需的网络速度、视频通话质量、在线协作工具等方面的技术问题，使得远程办公更加高效便捷。其中包括 4G、5G 等高速通信技术的发展提升了数据传输速度并降低了通信成本，使得团队之间的协作与沟通更加顺畅。此外，在线协作工具，如 Zoom、Teams 等视频会议软件以及 Trello、Asana 等项目管理工具和 Google Workspace、Office 365 等文档共享平台，也极大地促进了团队成员之间的合作与交流。未来灵活多样的居家远程办公将逐渐取代线下办公场所，并有更多企业实现智能化和线上化（林偕，2020）。此外，在企业文化转变和员工期望改变方面，越来越多企业开始接受灵活安排工时以及允许员工进行弹性时间安排和遥距就职以满足员工多元化的生活需求。最后，在全球范围内，新型冠状病毒感染疫情的暴发导致各行各业停产，推动遥距就职模式快速发展起来。遥距就职是指员工通过互联网和现代通信技术实现分布式工作的方式，其在疫情前就已存在但在疫情中快速成为主流（谢雨池，2020）。综上所述，经济形态的变革与互联网技术的进步为遥距就职提供了日益完善且可靠的支持与保障，并使其成为未来就业趋势与发展方向。

（二）远程办公对员工工作绩效和越轨创新的双重影响凸显

随着远程办公的不断发展，其"双刃剑"效应日益显著。首先，远程办公允许员工自由选择工作时间和地点，无需花费大量时间在通勤上，使得他们能够更专注于工作并提高工作效率。同时，远程办公可以减少办公室不必要的社交压力，并有利于员工平衡工作与生活，促进员工保持良好的心态以提升绩效。其次，在远程办公环境中，员工可以充分利用互联网资源获取来自世界各地的信息和知识。这种多元化信息来源有助于拓展员工视野，激发员工创新思维，并通过培养员工自主性、解决问题能力等推动其越轨创新。然而，远程办公也面临一些挑战：第一是沟通与协作可能受到影响，特别是在需要团队合作的项目中缺乏面对面交流可能会影响信息的传递与理解。第二是技术故障或不兼容可能干扰远程工作流程，从而影响员工绩效与创新。第三，成功推行远程办公需要员工有较强的自律性与自我管理能力以确保高效率及质量水平。此外，管理者还需应对如何有效监督以及评估远程员工绩效等新挑战（王若琪 等，2018）。最后，值得注意的是，适应不同文化及激发动机方式的变革也许会对员工绩效及越轨创新产生影响。

综上所述，远程办公模式作为未来发展趋势，对员工的工作绩效和越轨创新具有重要影响，但也面临一些问题和挑战。为了更好地探索远程办公对员工工作绩效和越轨创新的影响，学界进行了深入研究和探索。这些研究通过设计适当的研究方法和工具，收集分析相关数据，以评估远程办公对员工工作绩效和越轨创新的影响，并揭示其背后的机制与规律。这些研究为企业和组织提供更优化的远程办公解决方案，实现更高效、灵活、愉悦的工作体验。

二、理论背景

笔者通过梳理国内外文献发现，远程办公是学界长期讨论的一个研究议题。众多学者围绕远程办公的概念、结构维度、前因及作用机制等展开了研究与对话。较早的如学者奈尔斯（1975）把远程办公定义为"员工在工作场所外进行工作"，他认为远程办公是改善各种组织和社会问题的良方。而后国内外学者对远程办公的概念不断予以丰富和完善（贝利、库兰，2002；安德列耶夫 等，2010；孙健敏 等，2020；吴君彦 等，2023）。关于远程办公的测量主要聚焦于强度测量（戈登，2006）、二分变量测量（德拉诺伊耶、维尔布鲁根，2019）以及改编量表测量（施、张，2021）方式。关于远程办公的前因研究主要围绕以下展开：①环境与健康因素（陈梦洁，2023）；②社会压力（杰克·尼尔斯，1972）；③技术进步（吉西，2013；黄晓丽，2023）；④政策支持（蒋一帆，2023；陈可，2024）；⑤社会效益（艾弗里、扎贝尔，2001；卡尔多，2009）；⑥疫情防控（卡尔达斯 等，2021；苏晓艳，2023）。总体而言，远程办公兴起的原因主要包括三个方面：其一是数字信息技术的快速发展，使得远程办公成为可能；其二是随着电子商务的发展和经济形态的变化，远程办公成为工作趋势；其三是受新型冠状病毒感染疫情影响，企业不得不采取远程办公模式以维持企业正常运营。新型冠状病毒感染疫情的特殊情况催生了大规模远程办公，而数字信息技术的飞速发展为远程办公提供了坚实的技术保障。

目前国内外学者围绕远程办公的影响结果展开了大量研究。关于远程办公的影响结果研究主要分为社会层面、组织层面和员工个体层面的研究。学者研究发现在社会层面：远程办公会给社会效益（马心成 等，2023）、公共保障（谢增毅，2021）、环境、房地产市场、交通、城市（曹秋婷，2023）等带来促进或阻碍的影响作用。在组织层面，已有研究表明远程办公对降低成本（陈楚夫 等，2023）、降低员工流失率（杜盛楠，2017）、推动价值创新（姜淑润，2020）、促进绩效提升（泰熙 等，2021）、减少员工冲突（德拉诺伊耶 等，2019）等产生积极影响；远程办公对信息安全（陈可，2024）、组织管理难度（周鹏 等，2023）、工作效率（风神，2020）等产生消极影响。在员工个体层面，已有的研究表明远程办公对个体工作家庭增益（张永卉，2023）、工作家庭平衡（邓越洋，2023）、工作自主性（马兹马尼安 等，2013）、工作满意度（理查德森、汤普森，2012）、工作控制（加金德拉、哈里森，2007）、改善工作环境（邓越洋 等，2023）等产生积极促进作用，而对个体安全健康、更严苛的劳动监控（黄晓丽，2023）、工作与家庭冲突（曹秋婷 等，2023）带来消极影响和挑战。

整体而言，回顾国内外关于远程办公的研究历程和相关文献，学界已经取得了非常丰富的研究成果，但其研究领域仍比较零散，缺乏全面性、深入性的探讨和实质性的成果（拉格鲁拉姆、威森费尔德，2004）。关于远程办公相关研究仍存在以下不足。

（1）缺乏聚焦新员工群体的远程办公模式下工作绩效的实证研究。根据现有研究，远程办公具有双重影响，既可能促进工作绩效，也可能存在抑制风险。一方面，远程办公为新员工提供更灵活的工作环境，有利于提高他们的效率和自主性。另一方面，远程办公也可能导致新员工面临沟通困难、工作与生活界限模糊等问题，进而影响其工作绩效。然而，在远程办公对新员工工作绩效影响机制方面仍缺乏充分的实证研究。为了全面理解远程办公对新员工工作绩效的影响情况，有必要将新员工视为研究对象，并从多个角度进行深入探讨。

（2）缺乏远程办公对员工越轨创新的作用机制研究。尽管远程办公已经成为许多公司和组织的常态，但是关于其对员工创新行为的影响，尤其是越轨创新方面的研究并不多见。从已有的研究来看，大部分研究主要关注远程办公对员工工作绩效、工作满意度、工作自主性以及工作家庭平衡或冲突等方面的影响。虽然个体层面结果变量在现有研究中得到了广泛探讨，但很少有涉及远程办公与越轨创新之间关系的研究，并且缺乏整合性实证研究来探索其中的作用传导机制和边界条件。

基于此，本书以远程办公为研究重点，结合实际调研访谈和问卷调查，深入探讨远程办公对工作绩效和越轨创新的影响机制。在实际调研中，本书选取多个行业代表性的公司，通过访谈了解其在推行远程办公时所采取的策略、遇到的问题及解决方案。同时，本书通过问卷调查收集大量数据，以便从宏观层面评估远程办公对员工工作绩效（如效率、质量等）及越轨创新（超出常规范围的新想法或新方法）的具体影响。同时，本书还将关注不同背景下员工对远程工作的适应情况，包括个人特质等因素如何影响他们在这一新模式下的表现。本书通过对这些变量的综合分析，期望揭示出更为细致且具有普遍适用性的结论，为相关领域提供理论支持。最后，根据上述研究结果，本书将提出具有针对性的对策与建议，旨在协助企业更有效地实施并完善其远程办公模式，提升其整体竞争力，实现可持续发展。

第二节　研究意义

一、理论意义

第一，通过对新员工的深入研究，本书不仅丰富了远程办公的群体性研究，还为相关实证研究提供了新的视角和数据支持。在现有文献中，关于远程居家办公结果变量的探讨相对较多，其主要集中在国家、社会、家庭和个人四个维度（加金德拉、哈里森，2007），这些维度涵盖了不同层面影响远程工作的因素。然而，目前基于定量数据进行实证分析的研究仍不足。一方面，本书扩展了对新员工这一特定群体在远程办公问题上的探讨，这一群体通常面临着独特的挑战与机遇，如适应企业文化、建立人际关系以及提升自我管理能力等。同时，新员工在工作初期可能缺乏必要的经验与资源，因此他们如何有效地融入团队并保持高效的工作状态，是值得关注的重要议题。另一方面，本书也充实了与远程办公相关的实证研究，为未来学界及实践领域提供了一手的数据资料。

第二，通过揭示远程办公对工作绩效和越轨创新的影响机制，本书深入探究了其中的内在原因，并丰富了相关中介变量的研究。具体而言，现有研究已经发现远程办公会对工作自主性、工作幸福感和组织承诺等变量产生影响（贝利 等，2002；马兹马尼安 等，2013；加金德拉 等，2007）。然而，本书引入了组织社会化作为中介机制来解释新员工绩效的影响机理，并将角色宽度自我效能和工作重塑引入员工越轨创新行为的链式中介模型中，且将工作自主性设定为控制变量。基于此设计，本书进行了问卷调查和实证分析，验证了这些中介关系存在的事实。这一创新性拓展不仅丰富了远程办公影响机制方面的研究思路，还提供了更专业化、全面化理解该领域问题所需的方法。

第三，本书丰富了情绪智力的负面效应研究和越轨创新的前因研究。首先，本书经过实证研究，验证了情绪智力的负向调节效应，与已有研究一致。例如，有学者指出情绪智力会引发人际消极行为，汪纳和米什拉（2017）证实情绪智力对工作绩效不利（2017）。同时，本书还进一步丰富了关于情绪智力负面效应的情境研究。其次，在越轨创新方面的现有研究主要集中在个体特征（杨剑钊 等，2019）以及领导风格（吴玉明 等，2020；刘晓琴 等，2020）等相关影响因素上。以上研究在远程办公和越轨创新之间的关系方面缺乏深入探讨，并且相应的实证研究也较为有限。通过实证研究，本书不仅揭示了远程办公会对员工越轨创新行为产生积极正向影响，而且补充了现有相关越轨创新领域的研究。

二、实践意义

第一，对于组织而言，研究远程办公对新员工工作绩效的影响机理，不仅能帮助管理者更新认知、关注新员工群体，而且能够为推动新员工工作绩效提供启发。首先，远程办公已经成为一种日益普遍的工作方式。但对于新员工而言，这种工作方式可能会带来一些挑战，因此组织需要深入了解远程办公对新员工工作绩效产生何种影响，以便能够提供适当的支持和指导。其次，对远程办公影响新员工工作绩效的中介机制和调节机制进行研究可以帮助组织更好地了解新员工的需求和期望，并制定更加科学合理的管理策略和培训计划。最后，通过深入研究这一问题，组织可以更好地了解新员工在远程办公环境中所面临的挑战与困难，并采取相应措施来协助他们更好地适应这种工作方式，从而提高新员工的满意度和忠诚度，进而增强组织的凝聚力和竞争力。

第二，对于组织而言，研究远程办公对员工越轨创新的影响机制，有助于组织和管理者关注员工的越轨创新行为，并促进员工创新能力的提升。首先，研究远程办公对员工越轨创新的影响机制可以帮助组织和管理者更好地理解员工在远程办公环境下的创新行为以及了解如何促进员工创新能力的提升。其次，研究远程办公对员工越轨创新的影响机制可以揭示不同因素对员工创新行为和创新能力产生影响的程度和方式，这些研究结果可为组织和管理者提供有价值的参考与指导。最后，了解远程办公环境下员工创新行为特点与需求可为员工提供更适合的创新空间与工作条件，并有针对性地为他们提供更优秀的创新体验与工作环境，从而激发他们在职场上更加投入、富有激情并具备较高造诣，在推动组织发展与实现持续革命方面起到重要作用。

第三，对于员工而言，深入剖析远程办公在工作绩效和越轨创新方面的作用机制，有助于提升他们对远程办公所具备的正反两面性的认知，并激励他们积极利用远程办公优势来提升个人绩效和创新水平。现代员工若能深入研究并理解远程办公对工作绩效和越轨创新的影响机制，不仅可以更全面地认识到这种方式带来的利弊，还能主动应用其优点，充分发挥其自主性以及接触多样信息与资源等特点，从而提高工作效率，为创新开辟更多可能性，更好地应对潜在问题。

第三节 研究内容与研究目标

一、研究内容

本书主要有以下两个子研究，具体如下：

子研究一：远程办公对新员工工作绩效的影响研究。

首先，本子研究基于现实背景，分析了远程办公与新员工工作绩效的相关研究及现状，并提出了具体的研究问题和模型。在此框架下，组织社会化被视为中介变量，情绪智力作为调节变量，从而构建出一个具有调节作用的中介模型。其次，本子研究通过对新员工进行问卷调查收集相关数据，并开展深入分析，以逐一验证所提出模型的假设，最终得出具有价值的研究结论，并提出相应的理论贡献与实践启示，同时剖析研究中的不足与局限性。

子研究二：远程办公对员工越轨创新的影响研究。

本子研究沿用子研究一的研究思路，首先，从现实出发，对远程办公与员工越轨创新的现有研究及其现状进行深入分析，提出具体的研究问题和模型。在此过程中，本子研究将角色宽度自我效能和工作重塑作为中介变量，构建链式中介模型。其次，本子研究通过对员工进行问卷调查收集相关数据，并开展深入分析，以检验所提出模型的假设，最终得出具有重要价值的研究结论，并提出相应的理论贡献与实践启示，同时阐明研究的局限性。

二、研究目标

本书的研究目标是通过对远程办公进行文献梳理和实证研究，验证远程办公对新员工工作绩效的影响机理以及对员工越轨创新的影响机理。具体而言，本书的子目标如下：

第一，通过对远程办公相关文献的综述及现状调查，构建远程办公对新员工工作绩效影响机制的模型。同时，以新员工作为研究对象，开展问卷调查，并随后进行实证分析，以验证远程办公对工作绩效的直接影响，深入剖析其对新员工工作绩效的作用，包括中介传导效应、调节效应以及具有调节作用的中介效应。

第二，通过对远程办公相关文献的综述及现状调查，构建远程办公对员工越轨创新影响机制的理论模型。同时，通过问卷调查与实证分析，验证该模型中远程办公对员工越轨创新作用路径的有效性。具体而言，本书将检验远程办公对员工越轨创新的直接效应、中介传导效应以及链式中介效应。

第四节　技术路线与研究方法

一、研究技术路线

本书按研究顺序主要分为四大部分：第一部分通过文献回顾，梳理远程办公概念流变及其前因后果，形成文献综述；第二部分通过问卷调查和实证分析检验远程办公对新员工工作绩效的影响机理（子研究一）；第三部分通过问卷调查和实证分析检验远程办公对员工越轨创新的影响机理（子研究二）；第四部分对全书进行总结与讨论，并明确指出未来的研究方向。本书的技术路线如图1-1所示。

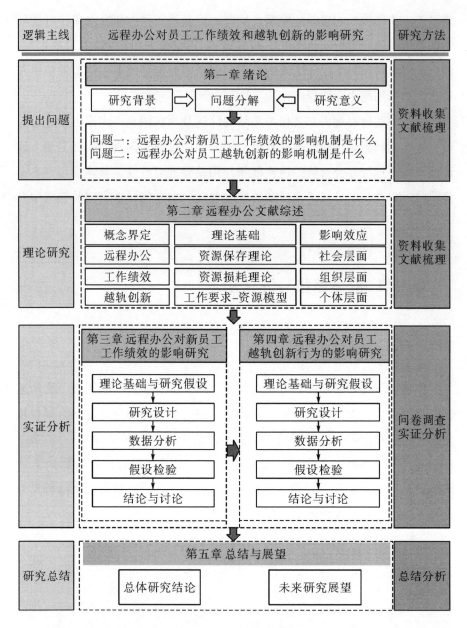

逻辑主线	远程办公对员工工作绩效和越轨创新的影响研究	研究方法
提出问题	**第一章 绪论** 研究背景 ⇒ 问题分解 ⇐ 研究意义 问题一：远程办公对新员工工作绩效的影响机制是什么 问题二：远程办公对员工越轨创新的影响机制是什么	资料收集 文献梳理
理论研究	**第二章 远程办公文献综述** 概念界定 / 理论基础 / 影响效应 远程办公 / 资源保存理论 / 社会层面 工作绩效 / 资源损耗理论 / 组织层面 越轨创新 / 工作要求–资源模型 / 个体层面	资料收集 文献梳理
实证分析	**第三章 远程办公对新员工工作绩效的影响研究** 理论基础与研究假设 研究设计 数据分析 假设检验 结论与讨论　　**第四章 远程办公对员工越轨创新行为的影响研究** 理论基础与研究假设 研究设计 数据分析 假设检验 结论与讨论	问卷调查 实证分析
研究总结	**第五章 总结与展望** 总体研究结论　　未来研究展望	总结分析

图 1-1　技术路线

根据以上研究思路，本书按以下章节安排文章框架结构。

第一章为绪论。绪论部分主要阐述本书的背景，包括现实背景与理论背景，明确研究问题、研究意义及研究内容，并设定研究目标；随后，通过技术路线图展示本书的整体思路，详细说明本书结构和所采用的研究方法，并对本书的主要创新点进行深入探讨。

第二章为远程办公文献综述。本章主要有四个方面的内容，即首先对远程办公的概念内涵和测量进行了详细介绍，而后对远程办公的前因研究和影响结果进行系统分析和梳理，接着对远程办公作用效果的解释理论、机制及研究方法进行回顾与总结，并就远程办公与工作绩效、越轨创新相关研究进行梳理，最后围绕远程办公对员工工作绩效和越轨创新影响的文献进行述评。本章为后续远程办公相关实证研究奠定了文献基础。

第三章为远程办公对新员工工作绩效的影响研究。基于资源保存理论与自我损耗理论，本章从理论和实证两个层面探讨远程办公对新员工工作绩效的作用机制。首先，本章构建了以组织社会化为中介变量、情绪智力为调节变量的影响机制模型，以分析远程办公对新员工工作绩效的影响。其次，本章考察了远程办公对新员工工作绩效的直接效应，并针对其中的作用机制（包括中介效应和调节效应）提出相应假设。随后，本章通过问卷调查及实证分析，对所提出假设进行验证。最后，本章总结研究结论，阐明其理论贡献与实践启示，并讨论研究中的局限性。

第四章为远程办公对员工越轨创新行为的影响研究。基于工作要求—资源模型，本章从理论与实证的角度探讨远程办公对员工越轨创新的影响机制。首先，本章构建了以角色宽度自我效能和工作重塑作为双重中介的链式中介模型，以揭示远程办公对员工越轨创新的作用路径。其次，本章考察了远程办公对员工越轨创新的直接影响，并针对链式中介提出相应假设。随后，本章通过问卷调查及实证分析，对所提出假设进行了验证。最后，本章总结研究结论，阐明理论贡献与实践启示，并分析研究中的局限性，其结构与第三章保持一致。

第五章为总结与展望。本章对整个研究进行了系统的总结与讨论，重点阐述了主要研究结论，并对未来的研究方向进行了展望。

二、研究方法

本书采用定性研究和定量研究方法，深入挖掘远程办公对员工工作绩效和越轨创新的作用机制。本书主要综合运用了文献分析法、问卷调查法与实证分析法。

（一）文献分析法

本书在构建理论研究框架之前，首先对相关文献进行了全面且系统的回顾。这一过程不仅包括对远程办公、工作绩效和越轨创新等主题的深入探讨，还涉及这些领域内的重要理论与实证研究成果。本书通过广泛搜集国内外学术期刊、会议论文及专著中的相关文献，整理出具有代表性的研究资料，使读者能够更好地理解当前学界对于这些变量的定义和测量方法。同时，对于越轨创新这一概念，本书分析了其在组织行为学和管理学中的多重视角，包括个体层面与团队层面的互动关系。本书通过系统归纳总结已有文献中提出的各种观点与发现，梳理出了各相关变量之间复杂且微妙的关系网络。为了明确本书所聚焦的核心概念，本书进一步探讨了现有理论的发展历程以及最新动态。例如，在远程办公日益普及的大背景下，如何有效评估员工工作绩效成为一个亟待解决的问题。同时，越轨创新作为一种可能推动组织变革的重要因素，其潜在价值也逐渐受到重视。因此，本书旨在通过整合不同领域内的重要发现，为后续实证分析提供坚实基础，并为未来相关领域的发展指明方向。

（二）问卷调查法

问卷调查法常被用于管理学定量研究，即通过样本选择、问卷设计和发放、数据统计分析，帮助研究者方便快捷地搜集与研究主题相关的数据。问卷调查法往往需要建立在理论研究和模型构建的基础上（张志华等，2016），这意味着，在设计量表时，研究者应充分参考已有文献中的成熟量表，以确保所使用变量具备科学性与可靠性。本书所采用的变量量表均源于国内外知名期刊文献中经过验证且被广泛认可的成熟量表，并结合远程办公这一特定工作情境进行了必要的修订。这种修订旨在使测量工具更贴近实际情况，提高其适用性。本书通过这种严谨的方法论，力求最大限度地保证量表质量，为进一步验证远程办公对工作绩效或越轨创新作用机制提供扎实的数据支持。

（三）实证分析法

为了检验本书所构建的理论模型与假设的合理性，本书采用了一系列系统化的方法和工具，以确保数据分析的科学性和结果的可靠性。具体而言，本书主要通过 SPSS24.0 进行信度分析、同源方差分析、相关系数分析和回归分析（主效应、中介效应、调节效应分析）。在信度分析中，本书使用 Cronbach's α 系数来衡量各个变量之间的一致性，以确保所用问卷或测量工具具备良好的内部一致性。同源方差分析则用于检测潜在变量是否存在显著的共同方法偏差，这对于提高研究结果的可信度至关重要。此外，通过计算相关系数，可以探讨不同变量之间的线性关系，为进一步建立回归模型奠定基础。在回归分析中，本书分别考察主效应、中介效应和调节效应，以全面理解各因素对因变量影响机制。此外，为了进一步检验中介效应，本书利用 PROCESS 3.3 插件进行再次检验，并同时关注有调节的中介效应及链式中介现象。综上所述，本书通过上述多维度、多层次的数据处理与统计检验手段，力求全面而准确地评估理论模型及其假设，从而为后续讨论提供扎实依据。

第五节　研究创新点

本书的创新点主要包括以下两个方面：

第一，本书采用定量研究方法，在研究内容上实现了重要突破，深入探讨了远程办公与工作绩效及越轨创新之间的关系，从而丰富了相关实证研究。总体而言，现有文献对远程办公对工作绩效的影响存在积极与消极之争（贝利 等，2017；冯一丹 等，2017；芬纳、伦恩，2010），且缺乏针对新员工进行的相关影响分析。同时，现有文献在远程办公与越轨创新方面也尚未开展充分的实证分析与探讨。因此，本书通过问卷调查和实证分析的方法，探索远程办公对新员工工作绩效的影响机理，并同时考察其对员工越轨创新行为发展的作用。本书最终得出的结论是：远程办公在促进新员工工作绩效及推动员工越轨创新行为发展方面具有显著的正向影响。这些发现为未来关于远程办公理论的发展及其推广应用提供了重要的参考依据。

第二，本书创新性地将新员工群体作为研究对象，从资源视角探讨远程办公对工作绩效及越轨创新的影响机制。首先，基于资源保存理论和自我损耗理论，本书构建了一个以组织社会化为中介变量、情绪智力为调节变量的模型，以分析远程办公对新员工工作绩效的影响。本书收集了国内10家企业384份员工数据，并运用多层次线性模型进行实证检验。其结果不仅验证了主要效应，还揭示了组织社会化在其中所扮演的中介角色，同时发现情绪智力具有负向调节作用。其次，基于工作要求—资源模型，本书考察了角色宽度自我效能与工作重塑在远程办公与员工越轨创新行为之间的多重链式中介效应。本书通过对403份两阶段有效样本数据进行实证分析发现：远程办公显著地正向影响员工越轨创新行为，而角色宽度自我效能与工作重塑分别在这一正向影响中发挥部分中介作用，并共同形成链式中介作用。本书系统性地展开了关于远程办公的定量分析，突出以新员工作为研究群体的重要性，为相关理论模型应用提供了新的视角，为组织管理领域内有关远程办公的后续研究奠定了理论基础。

本章小结

本章主要探讨了本书的研究背景（包括现实背景与理论背景）、研究的重要性（涵盖理论意义与现实意义）、研究内容、研究目标、技术路线、方法论以及主要创新点。首先，本章从经济形态变化及互联网技术进步为远程办公提供支撑与保障的角度出发，探讨了远程办公对员工工作绩效和越轨创新的"双刃剑"效应。并在此基础上，强调了解决相关问题的重要性，通过梳理现有关于远程办公的文献明确当前研究的不足之处，同时结合现实与理论背景界定本书的核心问题。其次，本章在详细阐述本书的理论意义和实践意义时，深入分析远程办公给组织管理模式、员工生活方式等方面带来的影响，并探讨其可能引发的社会变革。此外，本章明确提出本书涉及两个子领域中的具体问题并设定相应目标。同时，本章详尽描述整个调查过程中采用的方法及数据处理手段，包括绘制技术路线图和说明具体研究方法。最后，本章在完整而清晰地展示全书思路后，重点介绍本书的主要创新点，并强调这些创新点对当前学界及商业领域可能产生的积极影响。

第二章 远程办公文献综述

第一节 远程办公的概念和测量

一、概念内涵

经过几十年的技术进步和工作方式变革，"远程办公"这一概念得以发展和演进。受石油危机影响，该词在 20 世纪 70 年代首次被引入美国，并由美国国家航空航天局工程师杰克·尼尔斯于 1973 年提出。根据尼尔斯（1975）的定义，远程办公指员工在非工作场所进行工作，其被视为解决各种组织和社会问题的有效方法。随着互联网信息技术的不断发展，远程办公的概念内涵也日益丰富和完善。

（一）国外学者对远程办公的概念界定

格兰特和凯利（1985）指出远程办公即"在传统工作地之外或在家工作"。贝利和库尔兰德（2002）从不同的角度定义了远程办公，强调了其工作方式，并将其定义为"员工通过电信或计算机技术与企业通信，在传统工作场所之外进行工作"。随后，加金德拉和哈里森（2007）也采用了贝利等人的定义方式，将远程办公定义为一种安排，即员工能够在主要或中心工作场所之外的其他地点完成任务，并通常通过电子媒介与组织内外的相关人员进行互动。此外，弗贝克等（2008）从地点和频率视角扩展了对远程办公的理解，将其定义为"利用通信技术进行工作，在家、远程办公中心或除办公室以外任何其他地点进行每周至少一天的工作"。安德烈耶夫（2010）认为远程居家办公是指组织内的受薪员工通过在家或更靠近正常工作地点的替代性通勤方式来完成任务，其通常依赖信息与通信技术（ICT）来提升生产力，并促进与主管、同事及客户之间的有效沟通。国外学者对远程办公的概念界定梳理如表 2-1 所示。

表 2-1　国外学者对远程办公的概念界定

年份	主要研究者	概念界定
1975	杰克·尼尔斯 （Jack Nilles）	员工在非工作场所进行工作
1985	格兰特和凯利 （Grant & Kelly）	在传统工作地之外或在家工作
2002	贝利和库尔兰德 （Bailey & Kurland）	员工通过电信或计算机技术与企业通信，在传统工作场所之外进行工作
2007	加金德拉和哈里森 （Gajendran & Harrison）	使员工在主要或中心工作场所之外的其他地方完成任务的一种工作安排，其通常使用电子媒体与组织内外的其他人进行互动
2008	弗贝克 （Verbeke）	利用通信技术进行工作，在家、远程办公中心或除办公室以外任何其他地点进行每周至少一天的工作
2010	安德烈耶夫 （Andreev）	组织内的受薪员工通过在家工作或在比正常工作地点离家更近的地方工作来替代或改变通勤方式

来源：根据文献资料整理所得。

（二）国内学者对远程办公的概念界定

张小平（1999）认为，远程办公是指在工作场所与企业所在地不一致的情况下，利用计算机及其控制的通信设备，通过电子通信工具实现与他人之间的有效沟通。随后，陈红斌（2004）指出，远程工作本质上是一种灵活性极高的工作方式，员工可以选择离开传统办公地点或者远离雇主，在其他地方安排自己的工作时间并完成任务。张颖慧（2014）提到，远程办公是在传统办公场所之外进行协同工作的状态，例如通过电话、互联网和邮件等方式进行合作。2020 年年初，孙健敏等（2020）提出远程工作是一种弹性的职业安排模式，并且可被视为企业向员工提供的一项福利。崔健和姜佐（2021）指出，远程办公是灵活有效地利用信息通信技术，在非常规工作地点进行工作的一种方式。陈磊和孙天骄（2021）随后指出，远程办公是一种不受固定工作场所和时间限制的灵活工作模式，其依托互联网等技术手段实现独立或团队协作，并交付相应的工作成果。此外，远程办公的概念还涵盖了仅对工作成果负责的雇佣关系。具体而言，用人单位依据劳动者所提供的成果支付合理报酬，而不对其行为进行强制约束和管理。在实际情况及工作负荷等个性化指标的基础上，劳动者可以与多家用人单位建立灵活的雇佣关系。在突发公共事件爆发后，双职工居家办公变得更加普遍，这导致双方之间的互动比以往更加复杂。吴小飞（2023）指出远程办公是员工可以通过互联网、电话等远程技术手段在不同地点与公司进行沟通和协作，完成工作任务的一种工作模式。曹秋婷（2023）指出随着市场经济的发展，传统用工关系发生变化，突破时间和地域限制的"远程办公"进入发展新纪元，远程办公的内涵不断被细化，但一些新兴术语和名词使得其定义变得相对模糊。这些相关术语包括分布式办公（distributed work）、远端办公（remote work）以及虚拟办公（virtual work）等。吴君彦（2023）认为，远程办公是一种与传统固定工作场所和刚性全职用工方式相对的概念。国内学者对远程办公的概念界定梳理如表 2-2 所示。

表 2-2　国内学者对远程办公的概念界定

年份	主要研究者	概念界定
1999	张小平	人们借助电脑操作与其控制的通信设备工作
2004	陈红斌	员工可以选择离开传统的办公地点或者远离雇主，在其他地方安排自己的工作时间并完成任务
2014	张颖慧	通过电话、互联网、邮件等方式进行协同工作
2020	孙健敏	企业为员工提供的一种福利性质的职业安排模式
2021	崔健和姜佐	灵活有效地利用信息通信技术，在非常规工作地点进行工作的方式
2021	陈磊和孙天骄	应用互联网等工具进行独立或团队合作并交付相应工作成果的灵活办公形式
2023	吴小飞	通过互联网、电话等远程技术手段在不同地点与公司进行沟通和协作，完成工作任务

表2-2(续)

年份	主要研究者	概念界定
2023	曹秋婷	突破时间和地域限制
2023	吴君彦	一种与传统固定工作场所和刚性全职用工方式相对的概念

来源：根据文献资料整理所得。

（三）国际公约等对远程办公的概念界定

"远程办公"作为一种办公形式从20世纪走来，经历了从简单的居家办公到移动办公再到虚拟办公的演变过程。电子信息技术的发展使得员工能够随时随地通过网络进行工作。一些公约、协议对远程办公的概念也有所定义：①《远程工作框架协议》于2002年由欧洲工会联合会（ETUC）与欧洲商业联合会（UNICE）等机构共同签署，并已被众多欧洲国家采纳，其对远程办公进行了全面的定义。远程办公（telework）是指在劳动合同或劳动关系框架内，利用信息技术组织和执行工作的形式。该模式通常在雇主场所之外定期进行，并排除了偶发的远程加班及临时出差中使用互联网技术进行工作的情况。②法国《劳动法典》对远程办公的定义体现在其第L1222-9条的规定，其提出远程办公的特征包括：劳动者自愿选择，在用人单位传统工作场所之外通过信息技术和通信技术完成工作。③2007年，波兰《劳动法典》对远程办公的定义体现出远程办公具有使用电子通信手段进行常规性工作的特征。④2010年，美国《远程工作促进法》将远程办公定义为一种灵活的就业安排，即允许员工在非传统工作地点履行职责或义务。⑤2020年，欧盟机构（Eurofound）在其报告《远程工作及基于网络通信技术的移动工作：数字时代的灵活工作》中，将远程办公定义为利用互联网、计算机和手机等信息数字技术，在用人单位以外的固定场所进行各类远程办公安排。⑥中国台湾在"劳动者在用工场所外工作时间指南"中将远程办公称为电传劳动，并将其定义为处于用人单位指挥监督状态下，在非正式就业场所通过计算机信息技术或电子通信设备履行合同约定任务。国际公约等对远程办公的概念界定梳理如表2-3所示。

表 2-3　国际公约等对远程办公的概念界定

主要组织机构	概念界定
欧洲工会联合会（ETUC）、欧洲商业联合会（UNICE）	使用信息技术，在劳动合同或劳动关系背景下，利用信息技术组织、执行工作
法国	劳动者在自愿的条件下，通过信息技术和通信技术，在用人单位的传统工作场所外完成工作
波兰	使用电子通信手段进行工作，且工作具有常规性
美国	一种弹性工作安排，劳动者在被许可的不同于常规工作地点的其他地点履行劳动义务或其他职责
欧盟机构（Eurofound）	劳动者通过信息数字技术在用人单位的办公场所或别的固定场所之外，进行任何类型的远程办公
中国台湾	劳动者处于用人单位的指挥监督状态下，在用工场所外，通过电脑信息技术或电子通信设备履行劳动合同

来源：根据文献资料整理所得。

根据学者们的众多研究，本书采用艾伦等（2006）提出的定义，即将远程办公视为一种灵活的工作模式，这种工作模式使得员工在相当一部分工作时间内能够选择离开传统办公场所，在其偏好的环境中进行工作。该模式主要包含三个核心要素：第一，工作地点与用人单位的日常运营场所不同；第二，具备时间上的灵活性；第三，依赖现代技术手段（黄晋，2023）。

二、远程办公测量

关于远程办公的测量主要有三种形式（张书笛，2020）。首先是通过询问员工、员工家属或同事来衡量远程办公的强度，如"每周从事远程办公的天数或小时数"等；其次是以"是否进行远程办公"为基准进行调查，采用"是/否"方式进行测量；最后是选择改编现有与远程办公概念相似的量表，以评估远程办公的状况。

（一）远程办公强度测量

威森费尔德与拉格鲁拉姆（1999）要求受访员工自行报告其每周在办

公室、其他地点或居家的工作时长，以半天为单位，回答范围从 0 到 7 天。此外，他们引入了一个虚拟状态指标，用以衡量员工在办公室工作的天数。即当员工没有打卡记录时，则视为其进行远程办公。虚拟状态的值越低，表明其在办公室工作的天数越少，从而反映出其远程办公的强度相对较高；反之亦然。戈登（2006）要求受访者根据其每周远程办公所占整体工作时长的百分比来评估远程办公的强度。受访者的回答范围从 5% 到 90% 不等，平均值约为 30%。较高的百分比表明其远程办公时间占比较大，从而反映出其更高的远程办公强度；反之，则表示较低的强度。此外，戈登（2007）通过询问受访者同事每周平均远程办公时间来进一步测量该强度，并将其与同一单位中部分参与过相关调查的样本进行对比，以确保测量结果的准确性。研究结果显示，该测量结果与样本高度一致，有力证明了其准确性。

（二）远程办公二分变量测量

马丁和麦克唐纳（2012）指出，远程办公员工必须在主要办公室以外的其他场所工作至少一天。他们将远程办公定义为一个二元变量，即"是否进行远程办公"，并根据其频率从每周一次到全职远程办公对其进行分类。德拉诺伊耶和维尔布鲁根（2019）将远程办公定义为"teleworking day"，并视其为一个二元变量。在每日调查中，若受访者在上班时间内表示在家工作，则编码为 1 以表明其进行了远程办公；反之，则编码为 0 以表明其未进行远程办公。该研究涉及连续多日的调查，可能会出现某些意外情况导致受访者在特定日期未能工作，故将这种情况标记为"missing"。

（三）远程办公改编量表测量

除了上述两种测量方法外，还可以利用"工作性通信工具使用"量表对远程办公进行评估。该量表与"远程办公"概念高度相关，只需将非工作时间扩展为包括正常工作时间在内的所有工作时段即可进行测量。学者施和张（2021）在用"工作性通信工具使用"量表进行测量时采用了三个题项，具体包括"您的同事在非工作时间使用信息通信技术与您联系的频率""您在非工作时间与同事联系的频率""您在非工作时间查看与工作相关网页或通知的频率"。若要利用此量表评估远程办公，则需将"非工作时间"扩展为"所有工作时间"。

第二节 远程办公前因及其影响效应研究

一、远程办公前因研究进展

（一）企业与员工需求

在 18 世纪的工业革命时期，集群办公模式逐渐被广泛采用，然而不良的道路条件限制了部分工人外出工作。为减轻通勤负担，一些行业开始实施名为"外加工制"（putting-out system）的生产体系，即资本方作为雇主将生产任务承包给工人，并提供原材料，而工人通过远程方式完成产品并交还给雇主。在这一过程中，原材料的供应和成品的销售均由雇主掌控，而工人通常在家中独立完成生产任务。尽管当时尚未正式提出"远程办公"的概念，但这种工作模式可视为其初步形态。从工业革命至 19 世纪中叶，该形式的远程办公在纺织业、制鞋业及小型武器零件制造业等领域得到了广泛的应用（施 等，2021）。

（二）环境与健康因素

20 世纪初至 20 世纪 70 年代，美国汽车数量的显著增长导致了城市道路拥堵和空气污染严重。因此，1970 年，美国政府发起了一场空气清洁运动，积极倡导减少车辆出行并降低污染水平，这一举措成为现代远程办公模式兴起的重要推动力。根据陈梦洁（2023）的研究，在欧美地区早期城市化进程中，交通拥堵与空气污染问题日益加剧，增加了人们的通勤成本及企业运营成本。为应对这些挑战，远程办公得到了广泛应用。

（三）社会压力

1973 年，全球首次石油危机的爆发引发了广泛的经济和社会影响，尤其是在美国。由于石油供应短缺，燃料价格飙升，直接推高了民众的出行成本，这使得许多人不得不重新考虑他们的工作方式和通勤习惯。在这一背景下，远程办公逐渐成为一种可行且必要的选择。杰克·尼尔斯在其著作中正式提出"远程办公"一词，为这一新兴概念奠定了理论基础。杰克·尼尔斯是一位火箭专家，在面对当时日益严重的燃料紧张问题时，他提出了一种创新思路：与其让员工随工作地点而移动，不如让工作的内容和形式跟随员工本身。这一想法不仅旨在解决交通堵塞的问题，还希望通过减少人们对汽车出行的依赖，从而降低整体燃油消耗。随着科技的发展，特别是通信技术和计算机技术的进步，信息可以更为便捷地传递，这为远程办公提供了强有力的支持。企业开始探索如何在利用这些新工具来提高效率的同时，也满足员工对灵活工作的需求。

（四）技术进步

基扎（2013）的研究指出，自 20 世纪 80 年代个人电脑问世以来，以及 20 世纪 90 年代笔记本电脑和手机推出以来，这些设备在价格上持续下降，体积上不断减小，而其处理速度与带宽则不断提升。随着这些技术的进步，越来越多的职场人士得以在办公室之外灵活工作。曹秋婷（2023）引用了基扎的研究成果指出，随着技术的进步，越来越多的职场人士能够选择远程办公。程丽君（2023）强调，在 21 世纪以来互联网与通信技术迅猛发展的背景下，远程办公得到了普及。远程办公具有安排灵活、工作环境自由以及工具电子化等特征，因此企业在突发事件中可以有效避免员工出行并降低风险，同时保持正常运营，这被视为公共部门和私营部门在紧急情况下安全运作的重要手段。黄晓丽（2023）指出，通信技术的发展有效打破了时间与空间的限制，并促进了远程办公模式的广泛应用。互联网及相关科学技术的软硬件措施不断升级，为远程工作的实施提供了必要的支持，同时 2020 年新型冠状病毒感染疫情的暴发，为其普及创造了有利契机。张脉琪（2024）认为，随着计算机技术的快速发展和网络速度的进一步提升，企业开展远程办公的条件日益成熟，许多信息相关的企业已开始积极实施这一模式。

（五）政策支持

蒋一帆（2023）通过研究指出，发达国家如美国、日本等，在社会发展与变革过程中，为实现灵活用工、降低成本、提升效率和增加就业机会等目标，积极制定了远程办公相关法律法规，从而进一步推动了远程办公的发展与应用。陈可（2024）指出，2020年7月国务院办公厅发布了《国务院办公厅关于支持多渠道灵活就业的意见》，明确提出对新就业形态发展的支持，并实施包容性审慎监管，以促进数字经济和平台经济的健康发展。同时，加快推动网络零售、移动出行、在线教育培训、互联网医疗及在线娱乐等行业的发展，为劳动者提供居家就业、远程办公与兼职工作的条件。

（六）社会效益

艾弗里和扎贝尔（2001）、卡尔多（2009）等学者指出，20世纪70年代，美国私营企业管理者逐渐认识到远程办公能够有效缓解劳动力短缺问题。随着经济的快速发展以及技术的不断进步，许多行业面临着人力资源不足的挑战，这促使企业探索新的工作模式以吸引和留住人才。诸如，国际商业机器公司（IBM）等开始探索居家办公的工作模式，并将其作为一种吸引计算机程序员这一紧缺岗位的策略。在此背景下，这些公司不仅关注员工的专业技能，还考虑到如何通过灵活的工作安排来提升整体招聘效果。远程办公为员工提供了更大的自主性，使他们能够在舒适的环境中高效完成任务，从而提高生产力。

（七）疫情防控

白洁（2009）的研究指出，远程办公的形式自2003年非典疫情期间正式引入我国企业管理。由于非典的暴发给企业运营带来了诸多不便，包括大型会议和活动的取消，以及员工商务出行的显著减少。当时，马云领导的阿里团队在全体员工隔离期间率先尝试线上远程办公。此外，许多政府机构和企业也开始探索灵活工作模式，鼓励员工进行远程办公。2020年，新型冠状病毒感染疫情的暴发促使各国采取了一系列积极干预措施，如隔离、封锁、禁闭等，以有效控制病毒传播。世界卫生组织及各国政府倡导远程办公，并强调在开展经济活动时需优先保护员工健康。根据马心成、汪留成和李童琳（2023）的研究，卡尔达斯等（2021）指出，新型冠状病毒感染疫情的突发及其全球蔓延对人类的生产与生活产生了深远影响。克尼芬等（2021）强调，新型冠状病毒感染疫情显著干扰了企业经营活动，但其在一定程度上也促进了远程办公这一新型工作模式的发展。陈楚夫、何仕谦和苏晓艳（2023）同样指出，在中国疫情防控常态化阶段，新型冠状病毒感染疫情的潜在威胁成为推动远程办公的"催化剂"，促使企业主动采用该模式，加速了其发展。同时，这一现象逐渐演变为学术研究的重要议题。

基于以上分析，关于远程办公的前因研究整理如图 2-1 所示。

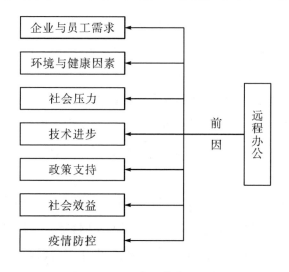

图 2-1　远程办公的前因研究

（资料来源：根据相关研究整理）

总体而言，远程办公兴起的主要因素可归纳为三个方面：首先，数字信息技术的迅猛发展，尤其是即时通信软件及相关信息技术的进步，使得远程办公成为现实；其次，服务业逐渐崛起，其在国内生产总值中的比重不断上升，这表明从业者不再需要像传统制造业员工那样亲自到场进行有形产品的生产；第三，新型冠状病毒感染疫情常态化的存在迫使企业与员工采用远程办公模式，以维持企业正常运营和持续发展。可以说，新型冠状病毒感染疫情这一特殊情境催生了大规模远程办公现象，而数字信息技术的飞速进步则为其提供了坚实的技术基础。

二、远程办公影响效应研究进展

通过对相关文献的深入分析与梳理，本书发现以往关于远程办公的研究所涉及的结果变量涵盖了组织层面和个体层面。此外，针对远程办公所带来的积极效应与消极效应，学界存在不同观点。这是由于远程办公具有多重影响，既可能产生有利效果，也可能造成不利后果（艾伦·戈尔登、肖克利，2015）。

（一）社会层面

（1）社会效益。马心成等（2023）指出，远程办公能够有效激活城市社区的活力，并促进其多样性。将远程办公引入社区中心，并将其与文化、体育、养老、教育及商业等服务设施相结合，有助于实现社区功能在空间和时间上的有机融合，从而提升社区的多样性与活力，践行人民城市理念。此外，风神（2020）的研究表明，合理安排远程工作显著提高了劳动者的效率，同时极大改善了他们的生活质量，从而带来了积极的社会效益。

（2）公共保障。程丽君（2023）的研究指出，将远程办公纳入突发事件应急管理能够有效保障公共部门在危机发生时持续、稳定地为公众提供服务。谢增毅（2021）则表明，远程办公有助于缓解极端天气、重大疫情及恐怖活动等突发事件对工作的影响，并能确保在紧急状态下工作的正常进行。此外，远程办公还可降低公共部门的运营成本。在此情境下，工作时间的合理分配显得尤为重要（程丽君，2023）。

（3）环境压力。远程办公彻底改变了员工的通勤方式，显著减少了工作日高峰期的交通出行，从而极大缓解了交通拥堵问题。同时，减少汽车尾气排放对城市环境产生了直接且积极的重要影响（曹秋婷，2023）。从组织和社会层面来看，远程办公不仅缩短了员工上下班的通勤时间，而且有效整合了企业资源，拓宽了招聘渠道。因此，员工能够将更多时间投入到工作中，而不是浪费在通勤上。通过减少通勤频次来减轻交通压力、避免拥堵，可以从源头上降低事故发生率及环境污染风险，这与当今绿色发展的主题高度契合（巴鲁奇，2000；莫赫塔里安 等，1994）。

（4）房地产市场。远程办公的兴起使企业与人才能够超越地理空间限制进行相互选择，员工不再以公司所在地为中心来决定居住地，即便身处二、三线城市的员工也能为一线城市的公司提供服务。因此，员工对公司附近住房的需求减少，从而缓解了高房价及地区间差异（曹秋婷，2023）。

（5）全球化视野。董思萱和徐一方（2024）指出，远程办公的优势在于消除了地域限制，使得人才可以跨越地理界限，为全球化时代的到来奠定基础。随着信息技术的发展和互联网的普及，远程办公逐渐成为一种新兴的工作模式。这种模式不仅为企业提供了更大的灵活性，还使得员工能够在不同地点自由选择工作环境，从而提高了工作效率。大学生可以通过远程办公，加入国际化团队，参与跨国项目，这样不仅拓宽了他们的职业视野，也增强了他们与来自不同文化背景同事之间的沟通能力。

（6）交通、城市压力。李（2008）的研究表明，远程办公将降低人们对地面交通的需求，从而促使城市人口更加分散，并使人们与工作场所的距离增大。同时，远程办公所带来的技术优势将增强员工与公司之间的联系。

（二）组织层面

1. 远程办公对组织的积极效应

（1）降低成本。陈可（2024）的研究指出，相较于传统的集中办公模式，远程办公能够有效降低企业成本，提升运营效率，并实现灵活管理，以适应市场动态变化。此外，远程办公被视为一种行之有效的不动产成本削减策略（陈楚夫 等，2023）。曹秋婷（2023）指出，远程办公不仅显著降低了办公室租赁及日常用品等固定成本，还有效减少了人力资源支出。尤其对于一线城市或发达国家的企业而言，远程办公能够拓宽员工的地理选择空间，使企业能够在薪资水平差异较大的地区寻找到合适的人才，并通过这种地域性薪资差异来优化用人成本。

（2）更广泛的人才库。随着地域限制的消除，企业能够在全球范围内进行招聘，而不再局限于其所在地或员工通勤的区域。这一变化将使企业更容易吸引具备丰富技能和经验的人才，从而增强团队的多样性与创新能力。对于追求灵活工作安排的人群，线上办公展现出极大的吸引力，如学生家长、希望实现工作与生活平衡的求职者，以及居住在偏远地区的专业人士。此外，线上办公有助于营造更加包容的工作环境，尤其是对残疾人及因其他限制难以进入传统工作场所的人士而言（孙琪，2024）。

（3）降低员工流失率。杜盛楠（2017）指出，远程网络办公为员工提供了更大的自主空间和时间，相较于传统的办公模式，这种方式能够显著提升核心员工的满意度，并有效降低人员流失率。携程网的实验结果表明，在 9 个月内，自愿每周在家工作四天的 260 名员工业绩提高了 12.2%，而离职率下降了 50%。

（4）推动价值创新。随着信息技术的迅猛发展，包括互联网、大数据和 5G 等在内的技术，甚至未来元宇宙的兴起，将进一步提升产业链上下游合作的灵活性。例如，在房屋设计领域，大部分设计工作主要由一线城市设计团队承担，而相关施工则由当地施工队负责。高效的"互联网+"模式及远程办公将进一步促进企业在其核心价值环节进行深耕（姜淑润，2020）。

（5）促进绩效提升。泰熙等（2021）指出，有效的绩效管理以及在远程办公模式下建立团队内部信任能够显著提升整个团队的工作表现。肖克利、艾伦和怀伍德（2021）的研究结果显示，随着物理距离的缩短，员工之间沟通质量得以改善，这一变化促进了他们的绩效，并改善了他们的生活质量。

（6）降低员工冲突。德拉诺伊耶等（2019）运用边界理论探讨了远程办公时间对个体职场工作与生活冲突的影响。研究结果表明，与在办公室其他时间段工作的员工相比，远程办公期间的员工所经历的职场冲突显著较低。

2. 远程办公对组织的消极效应

（1）信息安全风险增加。远程办公给劳动者权益保护和企业商业机密安全等带来了新的挑战（陈可，2024）。在劳动者权益保护方面，远程办公使得员工在工作时间、休息时间以及加班补偿等方面面临不确定性。由于缺乏面对面的监督与沟通，一些员工可能会感到被忽视，从而影响其心理健康。在企业商业机密安全方面，由于员工在家中或其他非公司场所工作，其信息安全防护措施相对薄弱。这增加了数据泄露、网络攻击及信息盗窃等风险。

（2）组织管理难度加大。周鹏等（2023）研究表明，远程网络办公因地理位置的限制，给企业员工管理造成了诸多不便。在这一模式下，员工可能无法及时明确领导的要求，而企业管理者也难以实时有效地掌握员工的工作进展，从而影响其对员工的考核与评价。此外，在远程网络办公中，通过网络和电话等方式传递信息，往往会削弱信息表达的效果，并导致信息发送者所表达内容与接收者所理解内容之间产生偏差。此外，黄晓丽（2023）指出，远程工作使劳动者脱离了用人单位的办公场所，尽管灵活的工作时间为劳动者带来了自由，但也增加了用人单位在监督和管理方面的难度。

（3）组织忠诚度降低。在虚拟化的组织结构中，员工团队与组织之间的感知度显著降低，这种现象主要源于远程工作和数字沟通方式的普及。由于缺乏面对面的互动，员工可能很难建立起对组织文化、价值观以及目标的深刻理解。这种隔离感使得他们在日常工作中无法充分体验到团队合作带来的归属感，从而导致他们对组织的认可度和忠诚度普遍不高（曹秋婷，2023）。

（4）工作效率降低。风神（2020）的研究指出，远程办公可能会给员工带来额外的心理负担，尤其是那些经常受到外界干扰的个体，这种心理负担可能会显著降低其工作效率。此外，研究表明，在远程办公环境中，空间隔离直接减少了同事之间知识共享的频率。而且在组织中远程办公的员工比例越高，其虚拟化程度也随之增加，从而导致许多非语言信息无法有效传递。此外，缺乏多样化的交流方式将对组织绩效产生负面影响（肯永等，2020；范等，2019；王等，2009）。

（三）个体层面

1. 远程办公对个体的积极效应

（1）工作家庭增益。黄晓丽（2023）的研究表明，远程办公对女性知识型员工在工作与家庭之间的增益具有显著促进作用。此外，工作自主性在远程办公与女性知识型员工的工作家庭增益之间发挥了部分正向中介作用。张永卉（2023）的研究指出，远程办公打破了传统朝九晚五的坐班模式，其灵活的工作时间使得承担更多家庭责任的女性或单亲母亲能够在照顾家庭的同时重返职场，并重新寻求自身价值。

（2）就业机会。陈可（2024）的研究指出，远程办公为劳动者创造了更多的就业机会，从而提升了劳动力市场的活力，强化了劳动力市场的创新能力。随着信息技术的进步和互联网的广泛应用，越来越多的企业开始采用灵活工作模式，这使得地理位置不再成为求职者选择工作的限制因素。许多原本无法进入特定行业或公司的劳动者，通过远程办公平台获得了参与机会。此外，远程办公还促进了跨地域的人才流动，使不同地区与背景的人才能够在同一项目中进行协作。

（3）工作家庭平衡。邓越洋（2023）的研究表明，远程办公模式显著提升了员工工作的灵活性与便利性，有效缓解了工作与家庭之间的平衡问题。内林加等（2020）指出，适度的远程办公能够有效平衡员工的工作与生活，无论是照顾家人还是陪伴朋友，都能获得更多积极回报。远程办公增强了工作与生活的联系，并拓宽了传统意义上的家庭边界。这一现象具体体现在：远程办公在提升工作弹性的同时，加剧了工作与生活界限的模糊性，劳动者可以灵活应对各类任务，同时增加与家人的相处时间。因此，其家庭生活中的主观幸福感得以提升。此外，在边界拓展方面，这种模式有助于减少离职倾向和缓解角色压力，这一点在性别差异中尤为明显。同时，女性通过远程办公可有效减少角色冲突（梁，2021）。总体而言，远程办公满足了员工对安全、稳定工作的需求，同时保持了家庭平衡（沙米尔 等，1985）。

（4）工作自主性。马兹马尼安等（2013）的研究表明，在远程办公环境中，员工感知到的工作自主性和灵活性显著增强，与非远程办公者相比存在明显差异。远程办公赋予劳动者更强的工作控制感，即员工通过移动设备进行工作的同时依托信息技术，打破了传统固定办公场所的限制，使得员工能够根据个人安排相对自由地执行工作计划。

（5）工作满意度。黄晋（2022）的研究指出，知识型员工在远程办公环境中能够有更为个性化的工作选择，这有助于提升其工作满意度和控制感。理查德森与汤普森（2012）认为，使用高水平的通信工具能够增强员工对控制感的认知。个体天生具有从周围环境中获取控制感的动机，这一心理结构反映了人们主动改变环境的意愿，并表明各种外部因素可能会影响员工对控制感的体验。远程办公显著提高了个体的控制感，并且与工作满意度及幸福感呈正相关（迪亚兹 等，2012）。拉格斯代尔与胡佛（2016）也指出，在远程办公过程中，手机、电脑等电子资源可以有效辅助任务完成并缓解压力带来的负面影响。此外，对电子资源有较强依赖的员工能够更高效地获取所需资源，从而提升其工作效率和满意度。

（6）自我领导。远程办公模式能够有效激发员工的自主性，从而促进其自我领导行为的展现（黄晋，2022）。在这一模式下，员工在面对问题时更倾向于采取自我决策。由于缺乏传统办公室中的直接监督，员工必须依赖自身的判断力来应对各种挑战，这不仅锻炼了他们解决问题的能力，而且增强了他们的责任感。在此过程中，员工自我领导行为逐渐显露，如设定个人目标、制订计划以及评估自身绩效等。

（7）工作控制。加金德拉与哈里森（2007）的研究表明，远程办公所固有的空间距离会削弱领导对下属施加的控制力和影响力。随着距离的增加，远程办公者向其领导寻求即时反馈的可能性逐渐降低，在决策过程中与领导进行磋商的频率也显著减少。

（8）工作环境。邓越洋（2023）指出，远程办公有助于优化工作环境。对于已拥有自住房产的员工而言，远程办公能够使他们享有独立的办公空间，避免周围环境的干扰，并且可以通过播放音乐、使用符合人体工程学设计的椅子提升工作舒适度。

2. 远程办公对个体的消极效应

（1）工作家庭冲突。曹秋婷（2023）的研究表明，远程办公导致员工工作与生活界限的模糊化。尽管远程办公为员工提供了便利，但也有观点认为其可能成为一种"噩梦"。在这种界限模糊的工作状态下,部分员工感到远程办公效率显著降低,并且远程办公加剧了生活中面临的矛盾。邓越洋(2023)指出,一些员工认为远程办公模式增加了他们的负担。德拉诺伊耶等(2019)的研究显示,远程办公会引发家庭冲突。而德克斯等(2015)则指出,不易确认和衡量的工作时间可能导致工作与家庭的冲突。

(2)个体安全健康。在远程工作模式下,电子信息通信技术的便利性提升了远程工作的可达性,但也使得劳动者随时待命,其休息权受到严重侵犯,工作与生活的界限变得模糊,从而引发安全和健康问题(黄晓丽,2023)。拉纳吉等(2014)的研究表明,远程办公所延长的额外工作时间增加了劳动者的工作负荷,可能导致过劳、失眠及职业病等问题。

(3)劳动监控。为了加强对远程工作劳动者的管理,用人单位会通过多种智能监控手段对其进行监督,这进一步侵犯了劳动者的个人信息数据和隐私权,使其在工作环境中毫无隐私可言,宛如透明人般暴露,他们的日常活动、在线行为甚至私人生活都可能被用人单位实时监控,这不仅影响了他们的心理状态,而且可能导致信任关系的破裂(黄晓丽,2023)。

(4)心理健康问题。远程办公可能对劳动者的心理健康产生负面影响,包括情绪耗竭和工作倦怠等。这些负面健康问题不仅削弱了劳动者在工作中的专注度,还降低了他们的生活满意度(奥利 等,2014)。研究表明,远程办公会影响劳动者在非工作时间想要摆脱工作的心理状态,并且使其缺乏正常的人际交往及重要的非正式学习机会,从而导致其产生孤独感和脱节等消极情绪,这些因素均对员工的工作绩效与效率产生不利影响(戈尔登 等,2008;惠特尔 等,2009)。此外,远程办公还引发了一系列问题,如设备需求增加、家庭领域被侵入、工作与家庭界限模糊以及长时间在线所带来的压力感(曼恩 等,2003;塔斯金 等,2007)。

综上所述,远程办公在宏观社会层面、中观组织层面及微观个体层面会产生不同的影响。此外,远程办公对组织与个体的影响效果也存在显著差异。基于以上分析,关于远程办公的影响效果如图2-2所示。

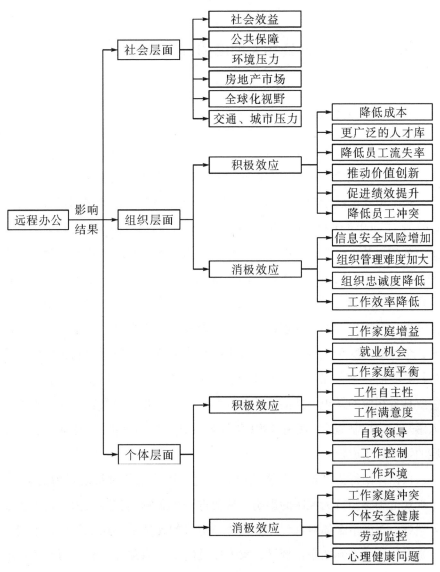

图 2-2 远程办公的影响结果

（资料来源：根据相关研究整理）

第三节　远程办公相关理论和方法

一、相关研究理论

（一）计划行为理论

计划行为理论（theory of planned behavior，TPB）是著名的态度行为理论，最早由阿杰恩于1991年提出。该理论源于费什拜因的多属性态度理论（theory of multiattribute attitude），涵盖了态度、行为意向和实际行为三个变量。个体对某一行为的态度直接影响其行为意向，而这一意向又会直接影响其实际表现；同时，个体的实际表现也会反过来影响其态度。随后，费什拜因与阿杰恩（1997）进一步发展了多属性态度理论，将主观规范纳入模型中，并提出理性行为理论。在这一新模型下，当决策完全受意志控制时，个体的态度和主观规范将直接影响其决策意图，进而影响其具体决策过程。然而，学者在后续研究中逐渐发现，个体想要顺利到达执行阶段，需要具备相应的知识、技能及其他资源支持。因此，阿杰恩在此基础上引入感知行为控制概念，并在1991年发表《计划行为理论》，这标志着该领域的发展趋于成熟。

根据计划行为理论，个体的行为意向直接受到其对特定行为的态度、主观规范和感知行为控制的影响，从而进一步影响其实际行为。在远程办公领域，态度指个体对远程办公优势与劣势的评估及其认识程度；主观规范是个体所感知到的来自领导、家人以及同事、朋友等社会压力对执行或不执行特定行为的影响；感知行为控制则反映了个体在执行特定行为时所感知到的轻松或困难程度，并代表以往经验和预期障碍（费什拜因 等，1997；齐昕 等，2016）。在该领域中，个体对自身远程办公能力的认知包括过往工作经验、所需资源及技术能力（莫里森 等，2019；诺斯拉扎德 等，2022）。行为意向表示个体为实现特定目标愿意并计划付出的努力的程度。若个体对特定行为持积极态度、主观规范有利且感知到较强控制力，则执行该行为的意愿将愈加显著。同时，态度、主观规范和感知行为控制均会受到具体信念的影响。在新型冠状病毒感染疫情背景下进行的远程办公适宜性研究关注了这一点，其中规范信念影响着主观规范，而控制信念则构成了感知行为控制的重要基础。该理论旨在预测和解释特定环境下个体的行动。

计划行为理论对适用性具有严格要求，专门针对特定情境下个体的理性行为。所有要素需聚焦同一研究对象，并遵循一致性原则（段文婷 等，2008）。此外，该理论对其他预测指标持开放态度，研究人员可根据需要引入相关指标。新引入的指标应满足相容性、独立于现有预测因素、作为意图和行为的预测因素以及具备普遍性四项标准（阿杰恩 等，2020）。同时，那些无法直接提供的因素，如人口统计学特征、人格特征、智力及价值观，可视为背景因素，通过信念影响意图和行为。

（二）边界渗透理论

边界渗透的定义是工作与家庭被视为两个不同的领域，且由边界相隔（列温 等，1951；龙昱帆 等，2018）。尼珀特-恩首次研究了工作与家庭边界的问题，并将其解释为人们划分工作和家庭活动的方式。阿什福斯等（2000）则将边界定义为一种限制，这种限制使得不同实体在物理、情感、时间及关系上彼此分割。

克拉克于 2000 年提出了工作-家庭边界理论，将其划分为物理边界、时间边界和心理边界三种主要形式。物理边界用于确定行为发生的地点，即工作领域与家庭领域；时间边界则用于划分行为发生的时段，即工作时间与家庭时间；心理边界是个体自主设立的，用于判断思维、情感或行动是否适合特定领域。随着互联网及信息技术的发展，工作与家庭之间的边界愈发模糊，并且渗透现象日益增多。克拉克（2000）指出，渗透性反映了一个角色跨越至其他领域的程度。孙达拉穆尔西和克雷纳（2008）认为渗透性是指一个角色允许整合和吸收其他角色元素的比例。根据渗透性的扩展定义，王永丽和张思琪（2016）认为，边界渗透反映了工作与家庭融合及分割的程度。学者陈梦洁（2023）指出，工作任务与家庭生活之间的边界渗透是指工作或家庭领域因素跨越边界进入彼此领域的程度，这一现象代表了工作与家庭融合及分割的水平。学者李亚慧等（2022）指出，根据边界渗透理论，远程办公环境下工作与家庭事务相互融合进入彼此领域的现象，如居家处理公务或在工作时接听电话，导致了工作与家庭之间的相互渗透。这种渗透可能引发工作与家庭生活之间的变化，进而造成冲突或增益。远程办公增强了工作与生活之间的连通性，并拓宽了二者间的边界。一方面，它实现了员工灵活办公和弹性工作的愿望，使员工能够在家自由控制工作时间和进度，从而促进了工作的增益；另一方面，角色模糊和角色压力带来的影响，也可能对员工的工作与家庭关系产生负面作用。

（三）资源保存理论

基于社会存在理论（social presence theory）和媒介丰富性理论（media richness theory）的讨论，面对面交流被视为具有最高社会存在感和媒体丰富度的沟通方式。随着远程办公频率的增加，员工与组织内成员之间面对面交流互动的频率下降，这导致远程办公人员与其他组织成员之间的交流减少，即时反馈及情感信号难以发送、维持和接收（达夫特、伦格尔，1986；肖特 等，1976）。长此以往，不断增加的远程办公将削弱员工个体与同事或主管之间的人际关系，削弱员工与其所在组织的关联性，并进一步降低员工对组织的忠诚度和归属感。

根据资源保存理论，远程办公会影响个体的能量和时间资源。在家工作可能导致员工难以区分工作时间与生活时间，从而增加其工作压力和焦虑感。此外，远程办公还可能使员工缺乏有效的沟通渠道和信息获取途径，进而影响他们对组织的归属感和认同感。因此，在实施远程办公时，组织需要考虑如何平衡个体的社交需求、情感需求以及如何解决时间管理等方面的问题，以确保员工在家办公时仍能够获得足够的支持与满足。依据资源保存理论，每个人拥有有限资源，而在工作中得到上级及同事的支持能够补充个人资源并发展职业能力，从而减少离职意愿。相反，如果未享受足够的工作资源待遇则可能会产生离开当前组织的想法。远程办公对离职意愿的影响可通过马斯洛需求层次理论与资源保存理论进行解释。根据马斯洛需求层次理论，归属感和社交需求作为个体基本需求，在东方文化背景下尤为重要。远程办公涉及地点替代，且身心距离限制了个体与组织其他成员之间的互动，这导致员工社交需求难以得到满足（李正东 等，2022）。

（四）工作要求—资源模型

工作要求—资源模型（job demands-resources model，JD-R model）是德梅罗蒂和巴克尔于2001年基于资源保存理论发展而成的。该模型更加关注员工的心理感受，并着重研究不同职业特征对员工心理状态的影响。与工作要求—控制—支持模型不同，工作要求—资源模型是一个更为广泛的概念，其不局限于特定的工作要求和资源，而是将工作特征划分为两个方面，即工作要求和工作资源。工作要求包括生理、心理、社会及组织方面的要求，在生理和心理层面需要员工持续努力提升技能以匹配这些要求，从而产生相应成本。例如，任务打断、工作负荷、角色模糊以及家庭冲突等因素均可视为此类成本（巴克尔、德梅罗蒂，2007）。而工作资源则指在各个方面满足员工所需的各种资源，这些资源有助于员工实现目标并减轻其压力，促进其个人成长与发展。具体见图2-3所示。

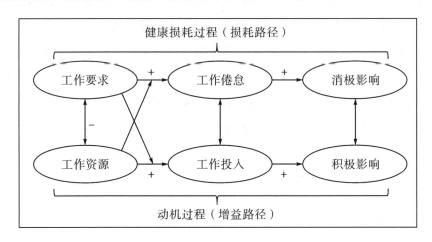

图2-3 工作要求—资源模型

根据工作要求—资源模型的增益路径，肖费利（2017）指出，充足的工作资源能够提升员工的工作动力和加大员工的投入，从而促发其积极行为。首先，远程办公使员工能够灵活选择工作地点和时间，提高了办公环境的舒适度，增加了物质资源，并增强了员工的自我控制感（理查德森等，2012），相应地也提升了认知资源，从而激发员工进行更多角色的探索。其次，工作资源还可以内部激发员工潜力，促使他们自主学习与成长，同时作为实现外部激励以达成目标的重要手段。因此，可以看出工作资源对员工具有潜在的激励作用，在促进其投入并产生高绩效方面发挥着重要作用。同时，内化激励机制能够推动员工自主学习与成长，而外部奖惩机制则是实现目标任务所需的重要手段。

（五）社会支持理论

根据社会支持理论（social support theory）和工作要求—资源模型，来自同事、上级及组织的社会支持是一种重要的工作资源，在满足员工工作需求方面发挥着关键作用。远程办公可能导致员工面临来自同事、上级和组织的社会支持减少的问题，从而影响他们工作任务的完成效率与质量。此外，远程办公还可能使员工感到孤独与隔离，缺乏同事间互动带来的情感支持（戈尔登，2005）。已有研究证实，远程办公程度与同事社会支持呈负相关关系（范德 等，2017），并且远程办公人员对同事关系的满意度较低（伊格巴里亚、吉马良斯，1999）。在远程办公环境中，员工与同事之间的联系减少，同时对于组织提供的资源（包括物质资源和精神支持）的获取也存在困难。在这种情况下，员工需要更多依赖自身能力去应对各项工作需求，并承担更大的压力以确保任务的完成。同时，由于缺乏足够的社会支持，员工容易出现心理健康问题，如焦虑和抑郁。当来自组织的支持资源减少，员工需要花费更多个人资源以满足工作需求时，他们更倾向于离开当前所在组织，以保护个体资源。

二、研究方法与模型

（一）研究方法

对远程办公的主要研究方法包括文献分析法、问卷调查法、统计分析法和案例分析法。随着远程办公内涵结构的不断丰富，后期针对该领域的研究多以问卷调查法和实证分析法为主。以下将具体介绍远程办公研究中的相关研究方法。

第一，文献分析法。学者陈梦洁（2023）在其研究中采用了文献分析法，通过广泛查阅和深入研读国内外相关文献，全面梳理了远程办公发展现状、影响因素、选择行为及适宜性等方面的研究。同时，她还在此基础上，准确界定了新型冠状病毒感染疫情背景下远程办公适宜性的含义，并运用计划行为理论进行讨论。

第二，问卷调查法。问卷调查法是管理学中被广泛应用的研究方法，其能够快速收集特定工作场景下的一手数据。学者涂婷婷（2023）通过问卷调查法收集个体基本信息及相关研究信息，针对潜在变量进行测量。她在国外学者成熟量表的基础上，结合国内研究和现实情境设计了远程办公期间的个体调查问卷，并经过反复回译与修订形成预调研问卷。在问卷发放后，她根据预调研结果对问卷表达方式等方面进行了调整，从而形成正式的调查问卷，并对收集到的数据进行质量检验，以确保数据合理性。

第三，统计分析法。该方法采用 SPSS 软件对数据进行基本的统计分析，包括个体社会属性、工作属性、心理潜变量以及远程办公选择情况的描述性统计。在此基础上，学者吴君彦（2023）运用实证检验法，对收集到的有效问卷样本进行分类、识别、汇总和梳理，并借助专业软件系统深入地分析结果，以验证研究观点并得出结论。

第四，案例分析法。学者黄晓丽（2023）在采用案例分析法探讨我国远程工作形态下劳动者权益法律保护问题时结合具体案例进行说明更加真实、有力且生动直观。她在对各国远程工作的法律及措施进行仔细分析和比较后，立足我国的实际情况，总结出一些国外可借鉴的优秀做法与措施。

（二）常用研究模型

1. 多指标多原因模型（multiple indicators and multiple causes model，简称 MIMIC 模型）

约雷斯科格和戈尔德伯格于 1975 年提出了 MIMIC 模型，该模型用于分析显变量与潜变量之间以及不同潜变量之间的关系,是结构方程模型的一种特殊形式。其中,显变量包括原因变量和指标变量,原因变量是对潜变量产生影响的外部因素,如个体社会特征;而指标变量则用于解释潜变量。潜变量无法直接观测,需要通过多个指标间接反映其结果(博斯布姆等,2008)。潜变量根据是否受其他变数影响,可分为外生潜变量和内生潜变量。外生潜变量不受其他变量影响,但会对其他变量产生影响;而内生潜变量则受到其他变量的影响。MIMIC 模型引入个体社会属性作为可观测的原因变量,并将潜在构念的测度指标视为可观测的指标,从而使得潜在构念在该模型中,既充当自变量,又是因果关系中的结果,更清晰地反映出复杂系统之间的关联。在远程办公选择行为研究中,年龄、性别等显变量以及个体心理因素等潜变量均会对其产生影响。MIMIC 模型能够有效分析个体社会经济属性、工作场景属性等显变量与远程办公心理属性等潜变量之间的关系,更准确地描绘出个体在远程办公选择行为中心理潜变量之间的联系。

2. 潜变量模型(latent variable models,简称 LVMs 模型)

潜变量模型用于描述员工在远程办公时的心理价值观。学者陈梦洁(2023)在综述相关研究后指出,在远程办公领域,考虑个体心理因素的决策模型缺乏理论支撑,仅关注不同心理因素而忽视了它们之间的关系。因此,她基于计划行为理论构建了一个潜变量模型,该模型综合考虑了不同心理因素之间的相互关系,并将潜变量确定为通勤满意度、工作家庭平衡、态度、感知行为控制、主观规范和意向六个维度。自计划行为理论提出以来,该理论在个体行为的解释与预测方面得到了广泛应用,并且在我国情境中同样具有适用性。根据该理论,个体的行为意向直接影响其实际行为,并同时受到行为态度、主观规范和感知行为控制的影响。个体对特定行为持有积极态度或消极态度取决于其信念强度及其对该行为结果的评价,这一机制可以解释不同人群对相同行为持有不同态度的原因。在特定工作场景下,个体对远程办公的行为信念受到通勤和工作家庭平衡评估的影响。个体之间在通勤成本评估上存在显著差异:经济条件宽裕者更注重节约通勤时间，而对费用敏感性关注较少；相反，经济条件较差者则更加关注通过减少通勤来降低费用。在疫情背景下，通勤成本还包括感染风险以及因测量体温和查验健康码所带来的时间损失。因此，该研究提出将"通勤满意度"作为潜变量，并根据个体实际情况进行评估。相关研究表明，对通勤不满意的个体往往持有更加积极的远程办公态度（黄馨萍 等，2022；伊斯梅尔 等，2016）。

3. 离散选择模型（discrete choice model，简称 DCM 模型）

离散选择模型基于效用最大化理论，旨在研究个体决策者的行为，并对其进行解释与预测。该方法假设个体在作出决策时是完全理性的，总是根据客观信息从多种选择方案中选取效用最大的选项，同时该方法将除客观信息外的因素视为随机误差。效用最大化理论认为，决策者在多个选项中进行选择时，在任何情况下均能获得一定程度的效用，并优先考虑选择能够实现效用最大化的选项（费什本，1970）。效用指个体对某一选项的满意程度，当个体对该选项的满意度达到最大时，效用亦随之达到最大。在经济学领域，该概念得到了广泛应用。离散选择模型基于以下假设前提：① 存在决策者，即存在做出选择的个体；② 存在供决策者进行选择的选项集合，并且该集合需同时满足互斥性、完备性和有限性原则；③ 属性确定了可能影响每个备选方案的因素，明确了影响决策者选择及其所面临选项本身的重要因素；④ 决策规则（贝尔莱尔 等，1998）。常见的离散选择模型包括多项 Logit 模型、有序 Probit 模型和混合 Logit 模型。其中，混合 Logit 模型因其样本要求低、技术成熟及出错率低等优点，具备较低的技术门槛和易于实现的特点，成为应用广泛的离散选择模型（叶飞 等，2014）。根据选项数量，离散选择模型可分为二项选择模型和多项选择模型，前者在两个选项之间进行选择，而后者通常在三个或更多选项之间进行选择。

已有研究表明，个体在远程办公选择行为中存在"选择"和"不选择"两种选项。因此，该研究采用二项 Logit 模型进行分析，以量化远程办公选择行为与个体社会属性、心理属性及工作属性之间的关系。离散选择模型允许自变量既可为离散型也可为连续型，在研究远程办公选择行为方面具有广泛适用性。传统的离散选择模型将个体的选择过程视作"黑箱"，即输入个体的社会经济属性、可直接观察到的特征信息及场景等数据，输出个体的最终选择结果。然而，在该模型下，影响重要但无法直接观测的主观心理因素（如感知、态度和偏好）被置于"黑箱"中，难以得出合理解释。本-阿基瓦等（2002）引入了偏好与感知等主观心理要素，提出混合选择模型（hybrid choice model，HCM），从而提升了模型的解释能力。早期考虑心理因素的研究通常将心理因素的观测指标直接作为解释变量纳入模型中，但后续研究发现这种做法可能引发变量内生性问题。有学者提出构建潜变量模型，并将模型拟合值作为解释变量引入离散选择模型，可有效规避此类问题。在影响远程办公选择行为的相关要素中，既存在主观不可观测变量，也包括客观可观测变量，如工作场景属性和工作任务属性。系统地考虑主、客观变量的作用与影响，有助于更好地解释员工的远程办公选择行为。

第四节　远程办公与工作绩效、越轨创新研究进展

一、远程办公与工作绩效

工作绩效一直是组织行为与人力资源管理研究领域的重点内容。卡恩于 1967 年提出"工作绩效"的定义，并将其定义为员工在一定生产周期内产生的工作成果的总和。其后，学者们对工作绩效展开大量研究和探索，但对工作绩效的定义尚未形成统一的定义。通过文献回顾，已有关于工作绩效的研究主要包括员工绩效、组织绩效、团体绩效三个层面，主流研究主要包括绩效结果观、绩效行为观、绩效综合观三种观点。第一，绩效结果观。该观点强调员工绩效主要关注员工在特定工作周期内的实际工作产出和成果。学者伯纳丁等（1984）指出工作绩效是员工在固定时间内，特定生产活动或职能所形成的产出记录。博尔曼等（1989）同样指出

工作绩效是一定时期内工作目标的产出，需要通过工作结果进行衡量。我国学者杨杰等（2000）基于绩效结果观认为，工作绩效是员工个体或组织在工作期间完成工作目标的总值。第二，绩效行为观。该观点强调工作绩效是一种行为过程，更注重实现组织或个体目标所采取的积极的、有价值的行为。墨菲（1989）指出绩效是可观察到的个体为实现组织发展目标而采取的各种行为。他强调工作结果并不能完全真实反映组织生产成果，应该根据员工在工作中采取的行为与达成目标的方式来定义工作绩效，而非仅仅依赖于这些行为所带来的结果。罗图多等（2002）基于工作行为视角指出，工作绩效是员工所采取的与组织相关且有助于实现组织目标的行为。我国学者李树丞等（2004）将工作绩效界定为个体为实现组织目标而采取的一切相关行为。学者李容树（2008）经研究指出，工作绩效可以通过个体的工作态度、方法和行为等因素进行测量。第三，绩效综合观。该观点认为工作绩效是行为和结果共同作用的产物，行为会影响结果，但结果并不能单独作为衡量工作绩效的标准（坎达尔 等，2007）。早期学者伍德拉夫（1993）指出，工作能力将工作行为和工作结果联系起来，从而形成了行为与结果的统一体，即工作绩效。我国学者韩翼等（2006）进一步指出，工作绩效不仅包括工作行为和结果，还需考虑员工的工作态度和能力。本书主要探讨远程办公与工作绩效之间的关系，考虑到员工的行为和工作结果密不可分，本书采用绩效综合观来对工作绩效进行研究。

已有学者指出，远程工作者在客观创造性任务上呈现较高绩效（罗纳德 等，2015）。戈尔登等（2008）发现远程办公可能对员工工作绩效产生负面影响，而加金德拉等（2015）则认为远程办公与员工工作绩效存在积极关联。总体来看，学界关于远程办公对于工作绩效影响效应并未达成一致观点，远程办公的"双刃剑"效应凸显。

第一，部分学者认为远程办公对工作绩效产生积极影响。远程办公增强了员工自主决策和灵活完成工作任务的能力，使其有机会调整工作习惯，以更好地适应生产节奏和工作风格（拉古拉姆 等，2001）。远程办公可以减少同事或领导的干扰，从而使员工更有效地完成需要深度思考的任务（加金德拉 等，2007；维加 等，2015）。因此，远程办公有助于实现个体与环境之间的匹配，并提高工作绩效。此外，有研究发现拥有较多远程办公安排的员工倾向于将其视为组织给予的福利或在职补贴，并愿意付出更多努力以获得领导对他们的信任、认可与支持（卡普兰 等，2018），进而提升其工作绩效。此外，一些研究表明，远程办公通过知识共享等中介机制，间接地对新产品开发绩效产生积极影响（科能 等，2014）。加金德拉等（2015）对工作绩效进行了细分，将其分为任务绩效和关系绩效，并发现远程办公与这两者之间存在积极关联。同时，他们指出，远程办公对个体绩效的正面影响依赖于领导与下属关系的质量以及远程办公的规范性。这些整合性研究表明，远程办公对工作绩效具有积极影响，但仍需进一步探索其边界条件和中介机制，以获得更为多元化的结果。

第二，一些研究指出，远程办公对工作绩效可能产生负面影响（戈尔登 等，2008）。这一现象主要基于两种解释机制：① 存在职业隔离的远程员工往往缺乏自信心，这使得他们在工作中处于明显劣势，如无法有效管理人际关系与社会互动、无法协调复杂模糊任务，以及无法理解和提炼隐性知识，而这些正是高效工作的必要条件。② 远程员工不太可能准确接收、理解或使用重要信息，并且被迫在有限的见解、信息和反馈下开展工作。因此，他们更有可能频繁采取纠正行动，并因次优决策而感到焦虑、孤独增加，甚至导致心理和身体出现问题，从而进一步影响其工作绩效。国内学者许小颖（2012）指出，国内远程办公起步较晚，各类配套制度尚不完善。从组织管理的角度来看，传统办公能够实现对员工工作情况的现场监督。然而，远程办公脱离了组织时空框架，这导致管理者与员工之间产生地域隔离，无法实时观察员工的工作状态。因此，远程办公可能引发更多干扰，并造成工作效率下降。学者金丽萍（2022）的研究发现，团队远程办公程度与团队绩效呈负相关。这一结果挑战了以往个体层面普遍积极的研究结论。她解释道，远程办公对团队绩效的影响是通过社会整合实现的，而社会整合不同于个人工作，它依赖于团队成员之间建立相互联系并共同朝向同一目标前进，这比个体独立行动要复杂得多。该研究不仅证实了远程办公在不同层次具有不同影响，还回应了以往呼吁拓展研究层次的声音（冈萨雷斯-穆莱，2019；张 等，2019）。此外，该研究揭示了团队远程办公对团队绩效的中介影响机制，并发现团队协调在这一过程中呈现非线性关系，丰富了有关团队协调的相关研究。尽管作为一种重要的团队过程，团队协调备受关注（马克斯 等，2001），但国内对此过程的研究仍然相对不足。该研究探讨了在远程办公情境下，团队协调作为中介变量对团队绩效产生影响，为学界进一步深入探讨远程办公环境中的团队协调问题提供了有益视角。

第三，元分析结果显示，远程办公与领导者评价或客观衡量的工作绩效呈正相关，而与自我评价的工作绩效之间的相关性不显著（加金德拉 等，2007）。这一发现表明，在评估员工表现时，外部标准可能更能反映出远程办公环境下员工的实际工作效果。具体而言，领导者在对团队成员进行评估时，往往基于可观察到的成果和行为，这些因素能够较为准确地体现出员工在远程办公条件下所取得的成就。戈尔登和加金德拉（2019）的研究进一步探讨了影响这一关系的调节因素。他们发现，在纳入工作复杂性、相互依赖性等调节变量后，远程办公程度与工作绩效之间仍然存在正相关关系。这意味着，当任务具有较高复杂度或需要团队成员间密切合作时，适当实施远程办公可以促进协作效率，从而提升整体绩效。此外，该研究还指出，即使在某些情况下存在潜在的负面影响，但可以通过合理管理和有效沟通，最大限度地减少这些影响。因此，这一领域的未来研究应关注如何优化远程工作的组织结构及流程，以确保其积极效果得以持续发挥。

总体而言，远程办公对工作绩效可能产生积极或消极的影响，未呈现出一致性。因此，这类研究需要深入探究其边界条件和中介机制，以获得更为多元化的研究结果。同时，这类研究还应关注远程办公对不同类型员工、不同行业以及在不同文化背景下的边界条件和中介机制。只有通过深入探讨这些因素，才能获取更全面且具代表性的研究成果，为未来的组织管理与人力资源管理提供更加科学有效的指导建议。

二、远程办公与越轨创新

奈特于 1967 年首次提出越轨创新的概念。在研究企业内部创业时，他发现一些员工通过非正式手段进行创新活动。因此，越轨创新被定义为组织内部一种非正式的创新形式，由"越轨"和"创新"两个要素构成。此后，国内外学者对越轨创新进行了深入研究。

目前关于越轨创新的研究主要分为两大学派：其一是由迈内梅利斯和林（2010）所代表的违命创新学派。他们强调违背管理层命令与意志的越轨行为特征，将越轨创新行为从建设性越轨学派中剥离出来。这一概念指的是员工主动选择违背上级下达的停止新想法开发命令的行为，他们坚信自己的创意能够为组织带来预期收益，并坚持探索和完善新想法。其二是以奥格斯多弗（1996）为代表的学派。他们提出了私下创新的概念，认为这是基层员工在未经授权或缺乏正式认可的情况下自发进行且未告知管理层，并旨在提高组织利益的非官方创新行为。该定义突出了越轨创新的自主性、隐蔽性和基层性，强调了员工对角色规范的超越，同时相对淡化了其"叛逆"特质，因为这仅涉及角色级别上的规范超越，并未引发人际或组织层面上的冲突。随后，在该领域进行研究的学者，如克里斯库洛、格洛布尼克等，继续采纳了奥格斯多弗的定义。国内学者黄玮、杨剑钊等在随后的研究中也支持了该学派的观点。本书同样沿用该学派的观点和定义。

已有大量研究证实，远程办公对个体和组织均具有积极影响（加金德拉 等，2015；德拉诺伊耶 等，2019）。巴鲁克（2000）指出，在远程办公环境下，员工能够避免领导和同事的干扰，这种减少外部干扰的状态有助于提高其注意力集中度，使其能够更专注于手头的任务。此外，这种工作模式鼓励员工敢于冒险，探索新的认知路径，从而使他们更加关注任务本质，并更愿意在某一问题上投入更多时间。这种探索与尝试将进一步增加员工创造性表现的可能性。当一个人的内在动机水平较高时，即他对工作感到兴奋并为工作本身而投入时，他被认为是最具创造力的（沙利，

1991）。这种内在动机不仅促进了个人创新能力的发展，还能激发团队合作中的创意碰撞。企业表明其愿意通过提供远程办公机会，让员工根据需求调整工作环境，从而提高员工与岗位之间的匹配度，促使他们积极调整角色。这种灵活性不仅提升了员工满意度，还有助于降低离职率，提高组织整体绩效。学者王辉和肖宇婷（2022）发现，在远程办公强度与员工创新行为之间，角色模糊发挥了负向中介作用，而工作自主性起到了正向中介作用，并且工作自主性的中介效应显著大于角色模糊。通过这些研究，可以清晰地看出，已有大量文献探讨了远程办公环境对员工创造力和创新的积极影响，这些影响包括个人因素和环境因素在内。

尽管远程办公在现代社会中日益普及，但关于其对员工创新，特别是越轨创新的直接影响的研究仍相对较少。因此，本书将通过实证分析探讨远程办公与员工越轨创新之间的关系。具体而言，本书将深入分析远程办公模式下员工的工作环境、沟通方式等因素，并结合相关理论与实证研究进行综合探讨，以期全面了解远程办公对员工越轨创新行为产生的影响机制。同时，本书还将考察如何通过管理策略和组织文化建设来促进远程办公环境中员工的创新活动，从而为企业提供更具竞争力和可持续发展的人才培养与管理方案。

第五节　文献述评

关于远程办公的研究已相对丰富，涵盖了概念及拓展、测量、前因变量、影响结果以及相关理论和方法模型等多个方面，并取得了一系列成果。尽管先前的研究存在一定不足与改进空间，但这些研究为本书提供了重要的借鉴与启示。

第一，在远程办公的概念界定上，不同学者对于远程办公的界定存在差异，因此需要明确如何定义远程办公，并且做到有效测量，以此展开实证分析。在远程办公的概念界定方面存在着不同学者之间的差异，这种差异主要体现在对远程办公范围、形式和特征的理解上。一些学者认为，远程办公是指员工可以通过互联网等信息技术手段，在任何地点进行工作，不受时间和空间限制（贝利、库尔兰德，2002；加金德拉、哈里森，2007）。而另一些学者则将其定义为员工可以选择在家或其他非传统办公场所进行工作，以实现更加灵活的工作安排（格兰特、凯利，1985）。因此有必要对远程办公进行明确定义，这样才能更为准确地就远程办公进行有效测量，从而展开实证分析和检验。只有深入探讨并准确定义远程办公才能为后续开展实证分析提供坚实基础。

第二，在影响结果方面，关于远程办公对工作绩效的影响尚未形成一致观点，因此有必要以新员工为研究对象，深入探讨远程办公对不同群体工作绩效的影响机制及其效果。具体而言，可以从以下几个方面展开研究：首先，考察在远程办公环境下，新员工如何适应团队合作与沟通方式的变化，以及这种变化将如何影响他们的工作绩效；其次，考察在缺乏直接监督和激励的情况下，新员工是否能够自我激励、保持专注度和执行力，从而顺利实现组织社会化；最后，考察当新员工在家庭环境中进行远程办公时，他们是否能够有效管理自己的时间、情绪和精力，并高效率地完成任务，尤其是情绪智力是否会对其工作绩效产生显著影响。本书通过深入探讨这些问题，可以更全面地了解远程办公对不同群体，特别是新员工带来的实际影响机制及其复杂性。

第三，关于远程办公影响结果的变量研究，拓展了本书的思路。以往国内外学者对远程办公的结果变量主要聚焦工作家庭增益/冲突、工作自主性、工作满意度和工作控制等方面。这些研究虽然从个体层面、团队层面及组织层面进行了详尽探讨，但似乎未涉及远程办公对个体越轨创新的潜在影响。同时，大量关于远程办公的研究主要集中于质性探索，而实证研究相对有限。在深入探讨管理领域中与远程办公相关的问题时，需要更加全面地考虑不同行业和不同企业规模下员工在进行远程办公过程中可能出现的各种情况，并严谨分析其潜在影响。因此，在管理领域内研究远程办公，以解决该环境下越轨创新实际问题并为组织提供有价值且深具意义的建议，应采用系统性的问卷调查法和实证分析方法，以确保研究科学性。此外，在开展研究时，还需充分考虑不同地区、行业和文化背景对远程办公的影响，以及员工个体差异所带来的挑战与机遇。同时，研究应结合现有理论框架，借鉴国内外相关案例经验，全面客观地呈现出远程办公管理中存在的问题与远程办公的发展方向。

综上所述，本书认为系统地探讨远程办公的概念及其有效测量，并以此开展实证研究，对于深入了解其在不同组织和群体中的应用情况与效果十分必要和重要。开展远程办公对新员工工作绩效影响机制的研究具有重要意义，这将帮助企业更好地制订人才培养计划和管理策略。通过深入分析远程办公对新员工学习成长、团队协作以及个人发展等方面的影响机制，可以为企业提供科学依据与参考建议，从而促进员工整体素质与职业发展。同时，研究远程办公对员工越轨创新的影响机制，有助于深入探讨该模式下员工创新行为的动因及表现形式，分析远程办公对员工心理状态和情绪稳定性的影响，并推断其对创新意愿与效率产生的潜在作用。全面研究远程办公在企业内部创新活动中所起的重要作用，有利于更好地指导实践并提出相应建议。

本章小结

本章对学者们关于远程办公的相关文献进行了梳理，详细系统地总结了远程办公的概念维度和发展变迁、测量工具以及影响因素和作用效果。首先，在这一过程中，本章深入挖掘了国内外学者及机构对远程办公模式概念的演变和拓展，并对远程办公的有效测量方式进行了全面分析。其次，本章详细总结了前人关于远程办公的原因研究和作用效果，并就其在社会、组织、个体层面上的影响效应进行阐述，同时总结了其积极和负面效应。随后，本章对远程办公作用机理的相关理论进行了整理，并总结了与之相关的研究模型和研究方法。接着，基于主题，本章分别回顾并分析了远程办公与工作绩效以及越轨创新方面的研究进展，从不同角度审视了员工在异地工作环境中所表现出来的能力和动力特点，并尝试解释其背后可能存在的复杂且微妙的内在联系。最后，本章对远程办公文献进行述评，并阐明其对本书的启示。本章通过对远程办公相关文献的总结梳理，为后续章节中理论模型的构建和实证研究奠定了坚实的基础。在接下来的调查问卷设计与实证检验阶段，本书将基于资源保存理论和工作要求—资源模型两大框架体系展开，在充分考虑现有学术成果基础上构建更加精准、有效、丰富多样的内容，旨在得出更具价值意义与可操作性且高度可信赖的研究结论，并提出更具广泛适用性的实践建议。

第三章 远程办公对新员工工作绩效的影响研究

第一节 问题的提出

高不确定性、高风险性致使企业外部竞争环境日益激烈，新员工作为企业较为不稳定的因素，对企业组织绩效和企业可持续发展具有不可忽视的影响。新员工中既有刚刚开启职业生涯的应届毕业生，也有具备了工作经验的转换者，其中以 90 后为主的新生代员工已逐渐成为劳动力市场的主力（杨涛 等，2015）。如何将这些新员工转换成企业的高工作绩效产出者，是企业保持人才竞争力和可持续发展的关键。

与此同时，随着互联网技术的迅猛发展，越来越多的企业开始尝试并普及远程办公或"现场+远程"混合办公模式。2020 艾媒咨询数据显示，新型冠状病毒感染疫情期间我国远程办公用户超过 3 亿人。关于远程办公对员工工作绩效的影响，其产生的积极影响更多还是消极影响更多仍存在争议。积极方面，有学者研究发现远程办公可以增强员工工作满意度（迪亚兹 等，2012），提升员工工作控制感（理查森、汤普森，2012），增强员工工作投入，对员工绩效起到促进作用。消极方面，有研究表明远程办公会增加员工工作负荷，降低员工工作满意度，产生职场偏差行为（时间侵占），负向影响工作绩效（何玉杰、余敬，2020）。尽管有关远程办公的研究逐渐丰富起来，但在影响结果上仍存在不同观点；同时，相对缺少以新员工为研究视角去探析远程办公对工作绩效的影响机理的研究。因此，本章的第一个目的是探究远程办公对新员工工作绩效的影响。

远程办公作为一种新的办公模式，最大的特征就是员工可以脱离传统办公室，在家或办公室以外的其他地方，利用移动互联网自主开展工作（弗贝克，2008），这减少了新员工面对新环境时的工作和人际关系压力，增强了新员工的自主性和灵活性，有助于新员工的组织社会化过程，进而提升其工作绩效。因此，本章的第二个目的是在探讨远程办公与新员工工作绩效关系的基础上，检验组织社会化在其中的中介作用。

此外，不同员工个体特质在远程办公情境下，可能对绩效产生不同的影响。已有研究表明，情绪智力与员工的工作绩效紧密相关（科尔 等，2006），且具有不同情绪智力的员工，其工作绩效存在着明显差异（余琼 等，2008）。那么，不同情绪智力水平的新员工在远程办公中的绩效是否不同？基于此，本章的第三个目的是引入情绪智力变量，探索其是否会在远程办公影响新员工工作绩效的过程中发挥效应。

第二节　理论基础与研究假设

一、远程办公与工作绩效

远程办公作为一种弹性工作方式，是指员工在传统工作场所之外（包括在家、远程办公中心等其他具备网络条件的地方），通过电信或计算机与企业通信，完成工作任务，并实现自身的考核目标（贝利、库尔兰德，2002）。随着互联网技术的迭代发展，远程办公的概念不断丰富，远程办公不再限于非工作地点，在非工作时间运用工作通信工具（如智能手机或电脑设备等）处理工作事务也是一种远程办公方式（王笑天 等，2019）。

在管理学研究中，新员工通常是指入职一年以内的员工（尼法德卡尔 等，2012；胡文安、罗瑾琏，2020）。首先，相较于老员工，新员工更易适应远程办公模式带来的心理资源增加和工作投入，进而提升绩效水平。老员工习惯了以往稳定的工作方式和固定的工作场所，因此容易产生惰性，且对未来的不确定性充满压力和焦虑（王霄 等，2018），从而导致其心理资源的降低（科特泽、切蒂，2015）。根据资源保存理论中损失优先原则，心理资源的降低会促使老员工减少资源投入来保护现有资源免受损耗，即表现出比较消极的应对行为（赵文文 等，2016）。而新员工处于组织资源获取阶段，更愿意尝试和接受新事物。有学者研究发现，新员工尤其是新生代员工具有求知欲强、偏好于自我主动从开放和自由的工作环境中寻求乐趣、学习力强的特点（凯尔利、索普，2006）。新员工更愿意积极接触并拓展可用的心理资源（刘冰，2020），其拥有的更多的心理资源会带来更高水平的心理可获得性，更可能使其发现工作更有趣和更具吸引力，进而增强其对工作的投入，带来更高的工作绩效。其次，新员工尤其是新生代员工更加强调自我，比其他任何一代人都更希望能够按照自身意愿开展工作（张印轩 等，2020），注重生活质量，追求工作与生活平衡（艾斯纳，2005）。资源保存理论提到，个体总是倾向于获取资源并极力积累资源，从而产生积极结果。远程办公所带来的自主性、灵活性，与其他工作资源特征相似，有效减少了新员工的各种"手忙脚乱"，解决了其工作与家庭平衡问题，增强了新员工工作满意度，有效促进了其工作投入（贝利 等，2017）和工作绩效。与非远程工作日相比，远程工作日的压力更小，工作与家庭冲突更少，工作投入更高，工作绩效更高（约尼，2020）。基于以上分析，提出第一个假设。

H1：远程办公对新员工的工作绩效有正向影响。

二、组织社会化的中介作用

新员工的组织社会化是新员工在新组织中获取如何完成自己工作任务相关知识、技能的过程（艾伦，2017），它包括工作胜任、人际关系、组织政治的社会化（赵国祥 等，2007）。对于新员工而言，社会化意愿、工作胜任、人际关系的社会化更为重要。首先，相较于现场集中办公，远程办公以弹性工作方式替代传统朝九晚五上班方式。组织在面试新员工时，就给新员工传递出了组织能给予新员工较高的工作自控度和灵活性、关心员工及可满足工作和非工作需要的信号（汤普森 等，2015）。这些积极的信号传递，促使新员工带着较高的入职期望进入组织，这有利于强化其组织社会化意愿。其次，在传统工作模式下，新员工入职后来到一个陌生的工作环境，新工作环境中的各种挑战会让新员工感到压力和焦虑，以往研究发现，同事的工作和生活信息分享对新员工的工作和生活有积极影响，能够降低新员工焦虑水平（武文，2020）。远程办公模式下，员工面对面交流少，情感联络难以建立，新员工与领导、同事的关系质量会受到影响，但加金德拉（2007）的研究发现二者并没有显著关系。远程办公模式下，一方面新员工不必脱离自己原有的生活环境和熟悉的人际关系，减少了各类容易在新环境中产生的不良情绪；另一方面新员工尤其是 90 后员工，更多的将互联网视为一种生活方式，追求个人主义，注重平等且漠视权威（王聪颖，2021）。通过线上互动，员工的人际互动时间、空间得到延伸（刘萌雪，2020）。社交软件（如微信、QQ）的普遍应用淡化了工作和生活的边界，组织结构更显扁平化，新员工有更多机会和领导互动，同事之间更容易畅所欲言，更有助于新员工的人际关系社会化。再次，基于信息技术发展，较传统的电话、传真等传播媒介，远程办公模式下各种音视频会议、移动办公平台等功能模块丰富了远程办公应用场景（钟新龙，2020）。新员工尤其是新生代员工对电脑的熟悉和对信息的掌握程度为其他代系不可企及的（殷乐，2016）。这些模块的应用，使新员工进入组织后不再担心或拘泥于面对面的知识技能传授和学习，而是通过线上互动实现更加及时灵活的新老员工教学互助，同时新员工通过点播、回放视频等方式自主学习，扩大知识覆盖面，反复学习巩固，满足了不同新员工对于同一学习内容不同学习时间的学习差异需求（王月芬，2021）。远程办公模式下，新员工能够快速根据岗位特征和需求，高效灵活地学习和掌握相关知识技能，促进自身工作胜任社会化。基于以上分析，提出第二个假设。

H2：远程办公对新员工的组织社会化有正向影响。

已有研究表明组织社会化是影响员工绩效的重要因素（鲍尔 等，2007）。根据资源保存理论，组织社会化实际上是获取资源的过程，成功的社会化可以使员工获得与组织、工作相关的资源（张红燕 等，2018），并通过资源增益效应，激发员工的工作投入，进而产生积极的影响，如高工作绩效等。首先，远程办公为新员工积极建立人际关系提供了高效、快捷、简单的路径，便于新员工更快速、更广泛地建立人际关系、获取人际资源以保证自身融入组织。成功的人际关系社会化能够帮助新员工赢得更多的社会性情感交换、工作支持等，加快新员工适应组织（库珀、安德森，2002），促进其绩效提升。其次，在组织社会化过程中，新员工通过远程办公网络媒介不受空间、时间限制地获取组织资源，学习效率快速提高，能够通过不断学习组织的制度、规范、行为准则等，来调整自身的价值观和工作态度，进而实现自身与组织目标的紧密结合，提升其工作敬业度（毛凯贤 等，2018）。在组织社会化的引导下，新员工不断学习和模仿组织认同的行为，着力强化相应的专业技能，通过调整自身行为方式来高效完成工作任务，通过岗位胜任的社会化提升绩效（卡梅耶－米勒 等，2013），并最终促进团队与组织的整体效能提升（王雁飞 等，2012）。基于以上分析，提出第三个假设。

H3：组织社会化在远程办公影响工作绩效的过程中起中介作用。

三、情绪智力的调节作用

情绪智力是通过监控自己和他人的情绪，识别和调整个人行为的能力（萨洛维、迈耶，1990），但情绪智力并非总是积极的（孙建群 等，2019）。首先，面对新环境中的不确定因素，高情绪智力新员工在工作行为模式上更可能拒绝冲动、避免冲突、回避风险，更擅长审时度势（孙建群 等，2019），也更愿意遵循办事章程，建立良好的关系。远程办公模式下工作场所隔离、能见度低，基于资源保存理论损失优先原则，高情绪智力的新员工在工作上很少给予他人负面反馈，不愿意得罪他人，更注重人际关系的建立及情感层面的沟通，反而忽略了业务层面的沟通和改善，抑制了新员工组织社会化水平，尤其是岗位胜任社会化水平。其次，大量传统研究表明情绪智力对人际关系的质量具有积极影响，但这并不代表情绪智力较高的人一定会做出有利于积极结果的行为（李一茗，2016）。根据自我损耗理论，高情绪智力新员工因其较高的情绪能力，以及来自领导或者他人的期望和自我要求，他们会更多地关注情感事件并处理情绪事件，进而产生自我损耗。远程办公模式下，人际互动由线下交流模式转为线上"人—机—人"的人际互动模式，减少了人与人之间的面对面沟通，高情绪智力新员工较强的情绪理解和调节能力受到空间限制，其内在资源损耗进一步加剧，进而产生消极工作结果（约瑟夫、纽曼，2010），削弱新员工组织社会化。基于此，提出第四个假设。

H4：情绪智力负向调节远程办公与组织社会化之间的关系，即高情绪智力水平下，远程办公与组织社会化之间的正向关系减弱；反之，则增强。

结合假设 H3 与 H4，形成一个中介调节模型，即情绪智力对远程办公与工作绩效之间关系的调节作用通过组织社会化实现。情绪智力会弱化远程办公对新员工组织社会化的影响，即高情绪智力水平下，远程办公通过组织社会化影响新员工工作绩效的作用减弱；低情绪智力水平下，远程办公通过组织社会化影响新员工工作绩效的作用反而增强。基于以上分析，提出第五个假设。

H5：情绪智力调节组织社会化在远程办公和新员工工作绩效之间的中介作用，即新员工高情绪智力水平下，远程办公通过组织社会化影响工作绩效的间接效应会被减弱；反之，则被增强。

本章研究模型如图 3-1 所示。

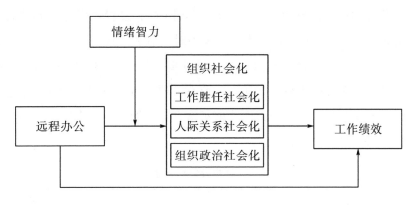

图 3-1　本章研究模型

第三节　研究设计

一、变量测量

本章所有量表的选取以权威性和适用性为原则，均采用国内外成熟量表。为了尽可能地保证英文量表在远程办公情境下的适用性，本章采用标准的回译流程：首先，将英文量表题项翻译成中文文本，并在此过程中注意我国的语言习惯与特点，以保证翻译过来的中文量表不会产生歧义，通俗易懂；其次，邀请了一名有海外留学背景且事先不清楚量表原始内容的组织行为领域博士生将中文量表翻译成英文量表；最后，将翻译结果与问卷的原始英文版进行对照，对存在翻译分歧之处进行分析完善，并邀请了一名相关领域的教授对量表翻译情况进行把关和检查，尽可能减少原量表含义的改变，使其不仅符合我国语言情境，还能体现一定的人力资源特性。本章采用 Liket5 级量表，即分别赋值 1 分至 5 分来代表从"完全不符合"到"完全符合"。

（一）远程办公

本章远程办公采用拉古拉姆和方（2014）的处理方法，即以受访者每周不在办公室办公的时间来进行测量。具体来说，就是问受访者，"平均而言，你每周远程办公的时间大概是多少小时"，设置每周远程办公时间评估标准如下：1＝小于8小时；2＝8小时（含）～16小时；3＝16小时（含）～24小时；4＝24小时（含）～32小时；5＝大于32小时（含）。同时结合哈伊鲁丁和阿齐兹（2020）的所有题项，如"我对远程办公很感兴趣""当远程办公时，我的工作能够正常有序开展"，最终形成七题项量表。具体条目如表3-1所示。

表3-1　远程办公测量量表

变量	序号	维度	题项	题项来源
远程办公	T01	—	我很了解远程办公模式	拉古拉姆和方（2014）哈伊鲁丁和阿齐兹（2020）
	T02		我所在的公司将远程办公作为另一种工作安排方式	
	T03		我对远程办公很感兴趣	
	T04		我认为远程办公是一种新的工作方式	
	T05		当远程办公时，我的工作能够正常有序开展	
	T06		我非常有意愿远程办公	
	T07		我每周远程办公的时间强度	

注：T表示远程办公。

（二）工作绩效

本章工作绩效采用温志毅（2005）与韩毅（2007）所开发的八题项量表，代表题项为"我愿意尽自己最大的努力，尽可能地做好工作"等。具体条目如表3-2所示。

表 3-2　工作绩效测量量表

变量	序号	维度	题项	题项来源
工作绩效	JP01	—	我可以正确地实现我的工作目标	温志毅（2005）与韩毅（2007）
	JP02		我总是可以在要求的期限内完成工作任务	
	JP03		我的工作质量保持着较高的水平	
	JP04		我可以高效地利用工作时间，加班时间少	
	JP05		我很愿意留在现在的岗位上继续工作	
	JP06		我愿意尽自己最大的努力，尽可能地做好工作	
	JP07		我愿意且时常帮助我的同事完成他们的工作	
	JP08		我在完成本职工作的同时，还主动承担了本职工作之外的其他工作	

注：JP 表示工作绩效。

（三）组织社会化

组织社会化的测量结果变量主要包括临近结果变量（任务掌握、角色清晰等）和远端结果变量（工作满意度、工作绩效、离职意愿等）（萨克斯、阿什福斯，2010）。本章采用威廉姆斯和安德森（1991）的十二题项量表，考察临近结果变量（组织政治、工作胜任、人际关系的社会化），如"我掌握完成工作所需的技能""我理解所在部门的工作职责""我在公司里比较受欢迎"等。具体条目如表 3-3 所示。

表 3-3　组织社会化测量量表

变量	序号	维度	题项	题项来源
组织社会化	OS01	工作胜任社会化	我知道如何有效率地完成自己的工作	威廉姆斯和安德森（1991）
	OS02		我掌握完成工作所需要的技能	
	OS03		我了解有关自己工作的职责	
	OS04		我理解所在部门的工作职责	
	OS05	人际关系社会化	我与公司同事关系融洽	
	OS06		我在公司里比较受欢迎	
	OS07		我把同事当成自己的朋友	
	OS08		我能够得到公司同事的帮助	
	OS09	组织政治社会化	我了解公司中的某些潜规则	
	OS10		我了解谁是公司最有影响力的人	
	OS11		我了解同事的行为动机	
	OS12		我了解公司各领导所代表的利益及微妙关系	

注：OS 表示组织社会化。

（四）情绪智力

本章情绪智力采用威利斯（2002）的十六题项量表，如"遇到困难时我能控制自己的脾气""我常常暗示我是一个有本事的人""身边人的行为能让我很快猜到他们的情绪"等。具体条目如表 3-4 所示。

表3-4 情绪智力测量量表

变量	序号	维度	题项	题项来源
情绪智力	EI01	—	大多数时候我很清楚自己当时有某些感受的原因	威利斯(2002)
	EI02		我对自己的情绪很了解	
	EI03		我对自己的感受很清楚	
	EI04		我多数时候清楚自己开心或者不开心的原因	
	EI05		遇到困难时我能控制自己的脾气	
	EI06		对于我自己的情绪我可以很好地进行控制	
	EI07		我一般在生气时能非常快地冷静下来	
	EI08		我对自身的情绪控制能力很强	
	EI09		我善于树立能够实现的目标并尽可能地让这些目标达成	
	EI10		我常常暗示自己我是一个有本事的人	
	EI11		我是一个能鼓励自己的人	
	EI12		我经常鼓励自己要做到最棒	
	EI13		身边人的行为能让我很快猜到他们的情绪	
	EI14		我有很强的观察他人情绪的能力	
	EI15		我能敏锐地察觉他人的情绪和感受	
	EI16		我很了解身边人的情绪	

注:EI表示情绪智力。

（五）控制变量

以往研究表明，员工性别、婚姻状况、年龄、学历、工作所属行业、岗位类别会对工作绩效产生影响（李燕萍，2017；杜娟，2009）。因此，本章选取上述人口统计学变量作为控制变量。本章控制变量编码设置如下：性别分为两类，男性=1，女性=2；婚姻状况分为两类，已婚=1，未婚=2；年龄分为五档，25岁及以下=1，26~30岁=2，31~35岁=3，36~40岁=4，41岁及以上=5；学历水平分为五档，高中（职高）=1，大专

（高职）=2，大学本科=3，硕士研究生=4，博士研究生=5；工作所属行业分为五类，服务业=1，制造业=2，科研类=3，政府机关=4，其他=5；岗位类别分为五类，管理人员=1，行政内勤人员=2，营销人员=3，技术人员=4，其他=5。

二、数据收集

本章采用问卷调查法，调研对象为新员工（入职一年以内的员工），主要采用电子问卷和纸质问卷两种方式。考虑到数据的可获得性，基于方便抽样的原则，本章的调研样本以广西为主，主要涉及保险、酒店、房地产开发、广告策划等企业。这些企业存在多种远程办公岗位，包括在家办公、外地项目办公或驻场、出差在酒店等。本章最终获取了17个企业共384份有效问卷。为保证问卷质量，本章首先随机选取了2个企业共30名新员工进行预调研，要求各测试对象对问卷的调研目的、理解性进行反馈，之后再进行正式发放。同时，为了提高数据真实性和问卷回收率，本研究采用匿名填答方式。本次调研共计发放调查问卷460份，回收有效问卷384份，有效回收率为83.5%。

三、样本描述

本章样本基本信息如表3-5所示。从性别来看，男性占比62.5%，女性占比37.5%；婚姻状况方面，已婚人数占比61.2%，未婚人数占比38.8%；年龄分布方面，年龄分布在26~30岁的人最多，占比39.6%；学历水平方面，大学本科学历人数占比最高，占比为55.7%，其次是大专（高职）学历，人数占比为28.4%；在工作所属行业方面，其他类占比最多，为62.5%，其次为服务业，占比为33.1%；岗位类别方面，管理人员占比最多，为40.4%，其次为营销人员，人数占比为21.9%。

表 3-5 样本基本信息

统计变量	项目	人数/人	占比/%	累计百分比/%
性别	男	240	62.5	62.5
	女	144	37.5	100
婚姻状况	已婚	235	61.2	61.2
	未婚	149	38.8	100
年龄	25 岁以下	34	8.9	8.9
	26~30 岁	152	39.6	48.5
	31~35 岁	124	32.3	80.8
	36~40 岁	41	10.7	91.5
	41 岁及以上	33	8.5	100
学历水平	高中（职高）	44	11.5	11.5
	大专（高职）	109	28.4	39.9
	大学本科	214	55.7	95.6
	硕士研究生	16	4.2	99.8
	博士研究生	1	0.2	100
工作所属行业	服务业	127	33.1	33.1
	制造业	11	2.9	36
	科研类	4	1	37
	政府机关	2	0.5	37.5
	其他	240	62.5	100
岗位类别	管理人员	155	40.4	40.4
	行政内勤人员	29	7.6	48
	营销人员	84	21.9	69.9
	技术人员	53	13.8	83.7
	其他	63	16.3	100

注：$N = 384$。

第四节　数据分析与研究结果

一、同源方差检验

本章的问卷数据收集全部源于样本的自我报告，数据来源相对单一，因此有可能会出现同源方法偏差。为了减少同源方法偏差的影响，一方面，本章在进行问卷发放之初将题项顺序打乱，通过匿名填写等方式填写；另一方面，本章采用赫尔曼单因素分析法对所有变量条目进行分析，检验数据可能存在的同源方差（波德萨科夫 等，2003），具体包括将远程办公（7 个题项）、工作绩效（8 个题项）、组织社会化（12 个题项）和情绪智力（16 个题项）四个变量共 43 个题项一起放入，若提取的第一个主成分因子的解释率大于 40%，则说明同源偏差问题严重。本章选择主成分分析法抽出 4 个主因子，解释了 66.003% 的总变差，其中第一因子的方差贡献率为 33.285%（小于 40% 的临界值）。由此说明本章的同源方法偏差问题并不会对结论的可靠性产生实质影响。

二、问卷的信度和效度检验

根据杨志蓉（2006）的观点，对问卷的信效度进行分析是进行样本数据统计分析的前提，只有保证测量工具的可靠性和有效性，才能使得通过统计关系得出的各潜变量之间的关系有意义。

（一）信度检验

本章对远程办公、组织社会化、情绪智力和工作绩效四个变量进行了信度检验，具体分析结果如表 3-6 所示。本章各变量的 Cronbach's α 值均大于 0.7 的临界值，这表明"远程办公""组织社会化""情绪智力""工作绩效"这四个变量的内部一致性较高，通过了信度检验。

表 3-6　问卷信度分析结果

变量	题数	Cronbach's α 值
远程办公	7	0.896
组织社会化	12	0.937
情绪智力	16	0.956
工作绩效	8	0.939

注：$N=384$。

（二）效度分析

本章运用 Mplus8.0 对远程办公、组织社会化、情绪智力和工作绩效这四个变量进行验证性因子分析，即构建研究变量的竞争模型，进行变量的区别效度检验。本章将构建的四因子模型分别和其他的竞争模型（三因子模型、二因子模型及单因子模型）进行比较。模型拟合主要评价指标包括：比较拟合指数（CFI）>0.9，Turker-Lewis 指数（TLI）>0.9，近似均方根误差（RMSEA）<0.08，标准化均方根残差（SRMR）<0.08，具体分析结果如表 3-7 所示。其中，四因子模型对数据的拟合效果最优（四因子模型的各项指标为 $\chi^2=1\,585.8$，$df=854$，$\chi^2/df=1.857$，$TLI=0.935$，$CFI=0.938$，$RMSEA=0.047$，$SRMR=0.047$），明显优于其他任何替代模型的拟合效果，这说明本章构建的远程办公对新员工工作绩效的影响机制模型中的四个变量的区分效度良好。

表 3-7　验证性分析结果

模型	组合	χ^2	df	χ^2/df	TLI	CIF	RMSEA	SRMR
四因子模型	远程办公、组织社会化、情绪智力、工作绩效	1 585.8	854	1.857	0.935	0.938	0.047	0.047
三因子模型	远程办公+组织社会化；情绪智力；工作绩效	2 268	857	2.646	0.874	0.881	0.065	0.056
二因子模型	远程办公+组织社会化；情绪智力、工作绩效	4 497.4	859	5.236	0.676	0.692	0.105	0.145

表3-7(续)

模型	组合	χ^2	df	χ^2/df	TLI	CIF	RMSEA	SRMR
单因子模型	远程办公+组织社会化+情绪智力+工作绩效	7 499.6	860	8.72	0.41	0.438	0.142	0.174

注：$N=384$；+表示合成为一个因子。

三、描述性统计与相关性分析

作为进行回归分析的前提，相关分析是对假设的初步判定。本章在进行回归分析之前先进行相关分析，即通过皮尔逊相关系数进行估计。根据学者观点，如果皮尔逊相关系数的绝对值<0.3，则表示低相关；如果其绝对值介于0.3~0.6，则为中度相关；如果其绝对值>0.6，则为高度相关。本章探讨远程办公、组织社会化、情绪智力及工作绩效之间的相关程度，具体分析结果如表3-8所示。表3-8呈现了本章所涉及的各变量的均值（Mean）、标准差（SD）以及相关系数。其中，远程办公与组织社会化显著正相关（$r=0.649$，$p<0.01$）；远程办公和工作绩效显著正相关（$r=0.402$，$p<0.01$）；组织社会化与工作绩效显著正相关（$r=0.461$，$p<0.01$）。以上研究结果为本章后续的研究假设验证提供了初步的依据和支持。

表3-8 描述统计和变量相关分析

变量	均值	标准差	Person 相关系数									
			1	2	3	4	5	6	7	8	9	10
控制变量												
1. 性别	1.375	0.485	—									
2. 婚姻状况	1.388	0.488	0.123*	—								
3. 年龄	2.706	1.057	-0.171**	-0.543**	—							
4. 学历水平	2.534	0.761	0.043	0.123*	-0.155**	—						
5. 工作所属行业	3.565	1.883	-0.044	0.099	-0.046	0.051	—					
6. 岗位类别	2.583	1.522	0.255**	0.113*	-0.138**	-0.110*	-0.046	—				
自变量												
7. 远程办公	3.382	0.893	-0.018	0.064	-0.081	0.103*	-0.004	-0.089	—			
中介变量												
8. 组织社会化	3.490	0.740	0.006	0.056	-0.078	0.170**	0.017	-0.023	0.649**	—		
调节变量												
9. 情绪智力	3.319	1.022	0.001	-0.110*	0.068	0.066	-0.084	-0.036	-0.238**	-0.308**	—	
因变量												
10. 工作绩效	3.596	0.869	-0.044	0.082	-0.099	0.057	0.011	-0.067	0.402**	0.461**	-0.239**	—

注：$N=384$；* 表示在 $p<0.05$ 水平上显著相关；** 表示在 $p<0.01$ 水平上显著相关，*** 表示 $p<0.001$ 水平上显著相关。

四、假设检验

(一) 主效应检验

本章通过 SPSS 软件进行多元回归分析来检验前文假设。本章首先将控制变量（性别、婚姻状况、年龄、学历水平、工作所属行业、工作岗位）置于空模型中（见表 3-9 中模型 3-1）；其次，将自变量远程办公加入回归方程（见表 3-9 中模型 3-2）。由表 3-9 中模型 3-2 可知，远程办公对新员工工作绩效有显著正向影响（$\beta = 0.391$，$p < 0.001$），由此，H1 得到验证。

表 3-9　主效应的回归检验结果

变量	工作绩效	
	模型 3-1	模型 3-2
控制变量		
性别	−0.049	−0.043
婚姻状况	0.045	0.033
年龄	−0.088	−0.061
学历水平	0.033	0.001
工作所属行业	−0.004	0.003
岗位类别	−0.068	−0.033
自变量		
远程办公		0.391 ***
R^2	0.021	0.17
R^2 Change	0.005	0.154
F 值	1.342	10.994 ***

注：$N = 384$；* 表示在 $p < 0.05$ 水平上显著相关；** 表示在 $p < 0.01$ 水平上显著相关，*** 表示在 $p < 0.001$ 水平上显著相关。

(二) 中介效应检验

根据巴伦和肯尼（1986）的有关检验步骤检验组织社会化在远程办公

和工作绩效中的中介作用。其具体步骤如下：首先，将所有的控制变量放入回归方程（见表3-10中模型3-3）；之后，加入自变量远程办公，由表3-10中模型3-4可知，远程办公正向影响新员工的组织社会化（β＝0.642，p<0.001），即H2得到支持。接着检验组织社会化在远程办公和工作绩效之间的中介作用。由表3-10中模型3-5可知，组织社会化对新员工的工作绩效有显著的正向影响（β＝0.46，p<0.001）；由表3-10中模型3-6可知，当远程办公和组织社会化同时影响工作绩效时，组织社会化对新员工工作绩效有显著正向影响（β＝0.354，p<0.001），且远程办公对工作绩效的关系依然显著（β＝0.164，p<0.01），但是系数由0.391减小为0.164，这表明组织社会化中介了远程办公和工作绩效之间的关系，即H3成立。

表3-10　中介效应的回归检验结果

变量	组织社会化		工作绩效	
	模型 3-3	模型 3-4	模型 3-5	模型 3-6
控制变量				
性别	−0.007	0.003	−0.046	−0.044
婚姻状况	0.012	−0.008	0.04	0.036
年龄	−0.049	−0.005	−0.065	−0.059
学历水平	0.16 **	0.108 **	−0.041	−0.037
工作所属行业	0.005	0.017	−0.006	−0.003
岗位类别	−0.012	0.046	−0.063	−0.049
自变量				
远程办公		0.642 ***		0.164 **
中介变量				
组织社会化			0.46 ***	0.354 ***
R^2	0.032	0.434	0.226	0.241
R^2 Change	0.017	0.424	0.211	0.225
F 值	2.073	41.21 ***	15.641 ***	14.866 ***

注：$N=384$；* 表示在 p<0.05 水平上显著相关；** 表示在 p<0.01 水平上显著相关，*** 表示在 p<0.001水平上显著相关。

为进一步检验组织社会化的中介作用，本章使用 Process V3.3 model4 进一步验证中介效应是否存在，并参照普里彻等（2004）提出的自助法进行分析，假设自助样本为 5 000，置信度选择 95%。其检验结果如表 3-11 所示。由表 3-11 可知，远程办公对工作绩效的直接效应为 0.159，95% 置信区间为 [0.045, 0.273]，置信区间不含 0，这表明其直接效应显著。远程办公通过组织社会化对工作绩效影响的间接效应为 0.221，95% 置信区间为 [0.138, 0.307]，置信区间不含 0，这表明其间接效应亦显著。由此说明，远程办公对工作绩效的影响不仅直接效应显著，且组织社会化在远程办公与工作绩效之间的中介作用亦显著，假设 H3 得到进一步验证。

表 3-11　远程办公、组织社会化与工作绩效的自助法分析

模型路径	效应值	标准误	LLCI	ULCI
直接效应：远程办公→工作绩效	0.159	0.058	0.045	0.273
间接效应：远程办公→组织社会化→工作绩效	0.221	0.044	0.138	0.307
总效应	0.380	0.046	0.289	0.471

注：$N = 384$；自助样本 = 5 000。

（三）调节效应检验

本章采用层级回归分析验证情绪智力的调节作用。在构造调节变量和自变量的交乘项时，本章将远程办公与情绪智力进行标准化处理以消除共线性的影响。其层级回归分析如表 3-12 所示，模型 3-8 将远程办公、情绪智力、远程办公与情绪智力的交乘项同时放入对组织社会化的回归方程中，由此看出远程办公与情绪智力的交互项会对组织社会化产生显著影响（$\beta = -0.158$，$p < 0.001$），这表明情绪智力的调节效应显著，H4 得到支持。

表3-12 调节效应的回归检验结果

变量	组织社会化	
	模型3-7	模型3-8
控制变量		
性别	−0.007	0.017
婚姻状况	0.012	−0.045
年龄	−0.049	−0.016
学历水平	0.16 **	0.132
工作所属行业	0.005	0.015
岗位类别	−0.012	0.039
自变量		
远程办公		0.587 ***
中介变量		
组织社会化		
调节变量		
情绪智力		−0.177 ***
交互项		
远程办公×情绪智力		−0.158 ***
R^2	0.032	0.486
R^2 Change	0.017	0.474
F 值	2.073	39.346 ***

注：$N=384$；* 表示在 $p<0.05$ 水平上显著相关；** 表示在 $p<0.01$ 水平上显著相关，*** 表示在 $p<0.001$ 水平上显著相关。

本章根据结果绘制交互作用效果图，以便更加直观判断调节效应（见图3-2）。根据艾肯等（1991）的建议，本章将情绪智力的均值增加一个标准差来代表高情绪智力，将其均值减去一个标准差来代表较低情绪智力。由图3-2的斜率检验可知：对于低情绪智力的新员工，远程办公对其组织社会化的正向影响作用相对较强；而对于高情绪智力的新员工，远程办公对其组织社会化的正向影响作用较弱。由此，H4得到支持。

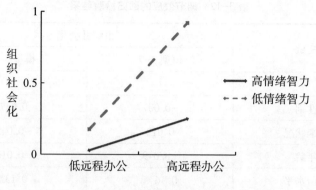

图 3-2　情绪智力调节效应

（四）被调节的中介检验

本章采用 Process 插件中的 model7 进行有调节的中介效应检验，设置 5 000 次自助法重复抽样，95% 置信区间，通过计算不同的情绪智力水平（均值加减一个标准差），来检验远程办公可以通过组织社会化影响工作绩效的间接效应，结果如表 3-13 所示。

根据自助法结果来看（见表 3-13），当情绪智力处于低水平时，远程办公通过组织社会化来影响工作绩效的间接效应值为 0.250，标准误为 0.049，95% 置信区间为 [0.153，0.346]，不包含零点；而当情绪智力处于高水平时，远程办公通过组织社会化来影响工作绩效的间接效应值为 0.155，标准误为 0.036，95% 置信区间为 [0.087，0.229]，不包含零点。由上可知，在不同取值条件下都存在部分显著的间接效应，因此需要通过有调节的中介效应判定指标 INDEX 来进行判断。根据表 3-13 所示，有调节的中介效应 INDEX 值为 -0.047，标准误为 0.015，95% 的置信区间为 [-0.077，-0.018]，不包含零点。即说明，有调节的中介效应成立，假设 H5 得到验证。

表 3-13 被调节的中介效应分析结果

中介路径	调节变量	水平	有条件的间接效应				有调节的中介效应			
			效应值	标准误	Boot CI 下限	Boot CI 上限	INDEX	标准误	Boot CI 下限	Boot CI 上限
远程办公—组织社会化—工作绩效	情绪智力	低	0.250	0.049	0.153	0.346	-0.047	0.015	-0.077	-0.018
		中	0.202	0.040	0.123	0.280				
		高	0.155	0.036	0.087	0.229				

注：$N=384$；自助样本 $=5\,000$。

第五节 结论与讨论

一、研究结论

本章通过探讨远程办公对新员工工作绩效的影响，以及组织社会化的传导机制和情绪智力的调节作用，形成了一个有调节的中介模型。结果发现：①远程办公对新员工的工作绩效具有积极影响。②组织社会化在远程办公与新员工工作绩效之间起部分中介作用。③情绪智力对远程办公与新员工组织社会化之间的关系起负向调节作用，同时情绪智力也调节了组织社会化在远程办公和新员工工作绩效之间的中介作用。具体结果如表 3-14 所示。

表 3-14 假设检验结果汇总

研究假设	假设内容	检验结果
假设 H1	远程办公对新员工的工作绩效有正向影响	得到验证
假设 H2	远程办公对新员工的组织社会化有正向影响	得到验证
假设 H3	组织社会化在远程办公影响工作绩效的过程中起中介作用	得到验证
假设 H4	情绪智力负向调节远程办公与组织社会化之间的关系，即高情绪智力水平下，远程办公与组织社会化之间的正向关系减弱；反之，则增强	得到验证

表3-14(续)

研究假设	假设内容	检验结果
假设 H5	情绪智力调节组织社会化在远程办公和新员工工作绩效之间的中介作用,即新员工高情绪智力水平下,远程办公通过组织社会化影响工作绩效的间接效应会被减弱;反之,则被增强	得到验证

二、理论贡献

第一,丰富了基于新员工群体的远程办公相关研究。本章探索了远程办公这一日趋重要的工作模式对于新员工工作绩效的正向作用。当前,远程办公相关研究主要分为三类,其一是研究远程办公本身的性质,聚焦远程办公的利弊和发展遇到的挑战(刘林平,2020);其二是研究影响远程办公的因素,以及如何通过布置办公场所来提高远程办公者的效率(许小颖,2012);其三是研究远程办公产生的后果和影响,目前关于远程办公的结果变量的研究相对较多,主要体现在国家、社会、家庭、个人(加金德拉、哈里森,2007)四个维度,但基于现实数据的实证研究相对较少。本章一方面拓展了新员工这一群体的远程办公问题探究,另一方面也丰富了远程办公相关实证研究。本章在丰富基于新员工群体的远程办公相关研究的同时,还可以进一步探讨远程办公对新员工个人发展和职业规划的影响,如可以深入分析远程办公模式下新员工与团队之间的沟通方式、协作机制以及领导力培养情况,从而揭示远程办公对新员工自我管理能力、团队合作技巧以及领导潜力等方面的塑造和促进作用。

第二,拓展了组织社会化这一变量的中介机制研究。组织社会化通常用于前因或后因变量研究,如组织社会化对工作绩效、工作满意度、组织承诺等的影响(余璠 等,2021);同事信息分享对组织社会化的影响(武文 等,2020);同事嘲讽对组织社会化的影响(张明玉 等,2020)等,但较少将其作为中介变量进行研究。本章重新搭建中介机制,将组织社会化作为中介变量,就远程办公进行实证研究,证实了远程办公对新员工组织社会化具有显著正向作用,创新性地拓展和丰富了远程办公影响机制的研究思路。同时，对于组织社会化这一变量的中介机制研究，可以进一步拓展为不同行业、不同文化背景下的实证研究。比如，在跨国公司中，可以探讨跨文化交流对组织社会化的影响；在新兴产业中，可以考察技术创新对员工组织社会化的作用；在传统行业转型过程中，可以深入分析领导风格与组织社会化之间的关系。丰富多样的研究案例，有助于更全面地理解和把握组织社会化这一重要变量在不同情境下的作用机制。

第三，立足于新员工，讨论了情绪智力在新员工远程办公中的负向调节作用机理。20 世纪 90 年代，高尔曼提出"情商比智商更重要"，因此情绪智力受到广泛关注。但随着研究的深入，不少学者开始关注"为什么情绪智力可能会存在负面效应"（基尔达夫 等，2010），如更高压力反应（贝希托尔特、施耐德，2016）、人际消极行为（特特 等，2012）、不利于工作绩效（卡纳、米什拉，2017）等。本章选择情绪智力作为调节变量，考察远程办公模式下情绪智力对新员工组织社会化的负向影响机制，进一步丰富了情绪智力负向效应的情境研究。在远程办公模式下，新员工面临着一系列情绪智力调节的挑战。他们除了适应新的工作方式和组织文化外，还需要处理来自家庭、社交圈以及个人生活方面的压力。研究表明，情绪智力可能会对新员工在远程办公中的组织社会化产生负向影响。这种负向影响可能体现在更高的压力反应、与同事之间出现消极行为以及不利于工作绩效等方面。通过深入研究情绪智力对于组织社会化过程中可能存在的负向调节机制，可以为企业提供更全面、科学的管理建议，并促进员工的健康成长与职业发展。

三、管理启示

第一，积极推进远程办公的相关管理办法和配套措施，提升远程办公的有效管理水平。越来越多的企业、组织和部门采取远程办公模式，对于新员工来说，远程办公不仅是一种工作形式的转变，更是一个全新的组织社会化过程。因此，研究远程办公模式下如何使新员工群体通过远程办公积极作用促进其组织社会化，提升其工作绩效具有现实意义。首先，企业应制定明确的远程办公政策，包括工作时间、工作地点、工作内容以及远程工作期间的行为规范。这些政策不仅要详细到足以指导新员工高效地进行远程工作，同时也要灵活到能够适应不同员工的个性化需求。其次，传统的绩效考核方式可能不完全适用于远程办公环境，因此企业需要创新考核方式，如通过在线项目管理工具跟踪工作进度，或者通过定期的视频会议进行面对面的交流和反馈。其考核内容应更加注重工作成果和质量，而非工作时间和地点。同时，企业还应建立健全相关的新员工远程办公管理机制和考评机制，明确远程办公绩效考核问题，如采取"日报+周报"方式及时考核、及时互动和解决问题。再次，为了确保新员工能够顺利进行远程工作，企业应提供必要的技术支持，包括高速的网络连接、稳定的远程办公软件、必要的硬件设备。同时，企业应设立 IT 服务专线，确保新员工在遇到技术问题时能够得到快速响应。

第二，建立科学的线上培训体系和会议管理体系，加强组织内部沟通与协作。企业应提供系统的培训，包括远程工作技巧、时间管理、在线协作工具的使用等。此外，企业应通过导师制度或资深员工的一对一指导，帮助新员工更快地融入团队和工作。针对新员工尤其是新生代新员工在远程办公期间的表现，企业应根据不同阶段和状态安排不同的专业技能及其他类如情绪智力等通用类线上培训课程，做好追踪和跟进，形成完整的培训赋能闭环机制，提升员工的专业技能和岗位胜任能力。企业在搭建科学的线上培训体系和会议管理体系的过程中，还应该重视员工心理健康和团队凝聚力的培养。除了提供技能类课程外，企业也可以考虑引入心理健康、压力管理等方面的课程，帮助员工更好地适应远程办公环境，并有效缓解员工工作压力。同时，有效的沟通是远程办公成功的关键。企业可以借助现代化技术手段打造智能化、便捷化的沟通平台，如语音视频会议系统、协同办公软件等，以满足员工日常沟通、协作需求。同时，在信息安全保障方面企业也需要加强相关措施，确保企业内部信息传输安全可靠，从而促进员工之间的信息交流和团队协作。此外，企业还可以通过定期组织正式、非正式会议等线上线下活动，加强员工情感联系，建立领导、同事、家庭的全方位支持系统，使员工的负向情绪在工作和生活中得到缓解，增强员工归属感和工作满意度，进而促进新员工组织社会化与绩效提升。

第三，建立完善的企业人才招聘遴选标准，根据岗位特征客观评估情绪智力水平，实现科学用人。随着互联网技术的发展，远程办公成为一种日趋成熟的工作模式。企业在进行人员招聘、选拔、考核等环节时，应结合面试者的情绪智力水平（可通过情绪智力量表进行测量或情景模拟、评价中心等方式），增加情绪智力要求在岗位说明书及绩效评价中的比例，建立更加完备和科学的员工胜任力特征模型，根据岗位特征需要适时选择不同情绪智力水平的员工，摒除"非高情绪智力者不用"的思想。针对不同岗位的特征需求，企业可以设计多元化的评估方式，包括案例分析、实际操作演示等形式，以全面了解应聘者的综合素质。同时，在人力资源安排上企业也要充分考虑员工个体的差异性，并根据其特长与优势进行合理配置。同时，在团队内部协调中企业要注意促进成员之间情绪智力互补，营造良好的团队氛围，形成适合的协作机制。这样有利于提高整个团队的执行效率和创造力水平。

四、局限与展望

其一，模型构建的局限。本章基于资源保存理论构建了以组织社会化为中介变量，情绪智力为调节变量的远程办公对新员工工作绩效的作用机制模型，并通过了实证检验。但其作用机制是否存在其他中介或调节变量，还有待进一步深入研究。比如除了情绪智力的调节作用外，可能存在其他如家庭支持型主管等支持类变量；除了组织社会化中介作用外，可能存在自我效能感、心理脱离等中介变量等。在未来研究中，可以通过充实研究方法如案例研究法、关键事件法、多元方法等获取研究数据，丰富研究内容。

其二，研究设计的局限。首先，在实证验证模型阶段，尽管本章在问卷填写时采取了匿名填写、打乱题项等方式，但由于所有量表测量都来自平台从业者同一时点的自评，且受调研地区的限制，仍不可避免地会产生同源方差问题和样本地域局限。虽然从实证分析结果来看，本章的同源方差问题并不会对研究结论带来实质影响，但测量结果可能还是存在社会称许偏差从而具有主观个人色彩。其次，本章所开展的量化研究均来自我国本土的远程工作者，而远程办公作为全球经济发展热点，本章的研究结论是否适用于西方组织情境也尚待检验。因此，在未来研究中，一方面，要丰富研究样本，可以扩大研究样本的地域，进行多国、多城市样本的理论抽样和问卷收集，以进一步对现有模型进行验证和探索，提高研究结果普适性；另一方面，可以在实证研究中加入同事评价与员工自评的综合数据，采用自评与他评两种方式，获取不同数据来源；也可通过分阶段调研的方式，改善同一时间调研偏差，通过持续跟踪相应变量的变化，获得动态化的数据，提升研究结果的客观性。

其三，研究视角的局限。本章是基于应对疫情背景下组织进行复工复产的一种被动性的远程办公工作模式的研究，其特性与主动性远程办公模式有所区别，因此本章的研究结论对其他情境的适用性存在一定的局限性，后续有待对基于主动性情境下的远程办公模式进行进一步的深入研究。

本章小结

本章以资源保存理论和自我损耗理论为基础，结合远程办公模式下，新员工作为企业较为不稳定的因素这一现状出发，探讨远程办公对新员工工作绩效的影响机制，探索并构建了以组织社会化为中介变量，情绪智力为调节变量的远程办公对新员工工作绩效的影响过程模型，深入探究了远程办公影响新员工工作绩效的内在传导路径和外部边界条件，并在此基础上提出了相关研究假设。本章实证检验涉及量表均为国内外权威测量量表，为了保证所有变量的量表信效度，本章在进行大规模样本调研之前开展了预调研。在正式调研阶段，本章通过熟悉的企业渠道等进行问卷收集，最终获得有效问卷384份。通过对问卷数据的分析，本章提出的5个假设全部得到数据支持和验证。其中，远程办公对新员工工作绩效带来正向的影响效应。此外，本章运用自助法检验了组织社会化的中介效应，发现组织社会化在远程办公与工作绩效之间起到了显著的部分中介作用。接着，本章检验了情绪智力的调节效应以及有调节的中介效应，研究发现情绪智力不仅负向调节远程办公与工作绩效之间的关系，同时还削弱了组织社会化在远程办公与工作绩效之间的中介作用。基于以上分析，本章对所有假设的检验结果进行总结，并阐明本章研究的理论贡献和管理启示，提出本章研究的局限与展望。

第四章 远程办公对员工越轨创新行为的影响研究

第一节 问题的提出

新时代背景下，伴随新兴技术和数字经济的迅猛发展，创新成为影响企业发展的关键因素，企业需要越来越多的员工发挥自主性，积极开展创新活动。然而企业所面临外部环境的复杂性以及内部资源结构的紧张性又一定程度上限制了企业的创新行为（冈卡洛 等，2015；马苏德尼亚，2012）。一方面，创新成功率低，管理层大多时候为规避创新失败的风险会直接阻止或干涉员工的创新行为，员工也担心创新失败受到负面隐性舆论和人际关系压力（胡斌 等，2020）；另一方面，员工自身渴望通过创新特别是突破性创新取得意想不到的绩效，从而让领导刮目相看（刘智强 等，2021）。由此带来的结果可能是，员工私底下创新，发掘"独门绝技"，甚至做出具有高风险、高回报的"双高"创新行为，即越轨创新行为，以期获得高的绩效和地位。调查显示，超过80%的公司都曾报告在组织内部有出现越轨创新行为（奥格斯多弗 等，2012）。越轨创新日益成为员工规避创新风险和谋求绩效的工作方式之一，迫切需要进行正确的引导，将其纳入企业自主创新之中，以帮助企业在快速变革的商业环境中获得持续竞争力。

已有针对员工越轨创新的研究，主要围绕领导风格、个体特征等展开，如悖论式领导、谦卑型领导都对员工越轨创新行为带来积极效应（陈慧 等，2021；吴玉明 等，2020）；前摄型人格是员工越轨创新行为的重要诱因（杨剑钊 等，2019）等。但是，对于组织层面尤其是工作环境特征变化却较少涉及。近年来，随着云计算、5G 技术等虚拟技术与基础通信的结合，同时受到疫情的影响，远程办公已成为现代工作日趋重要的工作新模式，越来越多的企业开始尝试或普及远程办公。2020 年艾媒咨询数据显示，当年远程办公行业用户规模已超过 3 亿人，而就在 2022 年 2 月，携程作为我国领先的综合性旅行服务公司宣布采用"3+2"混合办公模式，远程工作时代正在到来。远程办公最大的特征就是改变了传统的办公环境和工作任务形态，即员工在远离领导直接监控和同事互动压力的情况下，利用移动互联网随时随地开展工作（布卢姆 等，2015；贝利 等，2002）。新的工作模式下工作环境的变化是否会对员工的越轨创新行为带来影响？这是本章要研究的主要问题。

远程办公情境下空间、时间的灵活性给员工带来了丰富的工作资源。马兹马尼安（2013）研究发现，在远程办公情境下，员工所感知到的工作自主性及灵活性与非远程办公者相比提升显著（马兹马尼安 等，2013）。基于工作要求—资源模型，工作资源能够增强员工工作动力，产生积极作用（肖费利 等，2017）。伴随远程办公所带来的工作资源增多，员工效能感增强，激活了员工的角色宽度自我效能；同时，为动态适应工作资源所带来的变化，员工会自发地进行工作要求与资源的匹配，通过工作重塑为创新提供可能，从而使自身与工作相匹配（佩特鲁 等，2012）。因此，本章将进一步通过引入角色宽度自我效能和工作重塑这两个变量，考察二者在远程办公与越轨创新行为关系中的中介效应。

基于以上思路，本章以工作要求—资源模型为理论基础，构建远程办公通过角色宽度自我效能和工作重塑作用于越轨创新行为的链式中介模型，深入剖析远程办公对员工越轨创新行为的直接作用及内部传导路径，以期为进一步丰富员工越轨创新的触发机制提供新的视角，并为组织的创新管理实践活动提供有益思路。

第二节　理论基础与研究假设

一、远程办公与员工越轨创新行为

越轨创新行为是个体自主实施，不被组织规范或高层领导许可，对组织绩效具有潜在提升作用的一类行为（克里斯库洛 等，2014）。当员工的越轨创新行为不被上级肯定或受到上级阻拦时，员工会更加秘密地进行。相较于传统办公需要在指定场所进行，远程办公工作地点更加灵活多变，包括在家、远程办公中心等其他具备网络条件的地方，员工使用计算机等设备实现与企业之间的互联，完成工作任务（贝利 等，2002）。首先，从领导层面，盖詹德拉和哈里森（2007）的研究发现，远程办公中固有的空间距离使得领导对下属施加的控制和影响减弱。距离越远，远程办公者就越不可能从他们的领导那里寻求即时反馈和信息，做决定也就越少与领导磋商（盖詹德拉 等，2007）。因此，远程办公模式下，相对有限的领导监督与控制在一定程度上降低了员工实施越轨创新行为与领导的直接对抗性（刘晓琴 等，2020），促进了员工的越轨创新。其次，从同事层面，远程办公给予员工相对抗干扰的灵活工作环境，减少了来自同事的干扰和压力。大量调查数据表明，在远程办公兴起时，员工出于较少被打扰的原因而更加青睐远程办公（达克斯伯里 等，1999）。在传统的办公环境下，员工的越轨创新行为可能会遭遇到同事的干预或打扰，而远程办公的工作方式从根本上改变了与同事一起共事的工作环境，物理空间的隔离为员工越轨创新过程中的隐蔽性（格洛布尼克 等，2019）创造了有利条件。最后，从员工个体层面，伴随着远程办公模式下员工参与组织及与同事互动方式的改变，员工的心理压力降低（胡斌 等，2020），效能感增强；在执行工作任务时，员工更能根据本人的想法进行操作，并自发地根据自身意愿将更多时间和精力投入其中，由此增加了创新想法产生、创新行为生成的可能性（胡斌 等，2020），进而表现出更高水平的越轨创新行为。基于此，提出如下假设。

H1：远程办公对员工越轨创新行为产生正向影响。

二、角色宽度自我效能的中介作用

帕克（1998）认为，角色宽度自我效能作为一种员工对工作任务的能力感知，它更强调员工所拥有的更宽泛的角色胜任力，以及其对工作环境做出的主动性反应。大量研究发现，组织氛围、领导风格、工作场所特征等情境因素及个人特质、信任等个体因素都能对员工的角色宽度自我效能产生影响。远程办公作为一种新的工作模式，改变了以往的工作场所特征，这种环境变化对员工角色宽度自我效能势必会带来影响。基于工作要求—资源模型的增益路径，肖费利（2017）表示，充足的工作资源将会提高员工的工作动力，加大员工的工作投入，进而产生积极行为（肖费利等，2017）。首先，远程办公允许员工灵活地选择地点、时间来开展工作，办公环境舒适度提升（理查德森 等，2012），工作物质资源增加，同时也使得员工自我控制感增强（理查德森 等，2012），认知资源也相应得到提升，从而激发员工进行更多角色探索，更好地在企业条条框框之外高效率工作。有学者研究发现，远程办公人员比在标准安排下工作的员工更有效率，满意度更高，更不可能离开组织（布卢姆 等，2015）。伴随着这种探索的成功和效率的提高，员工对自身工作能力的正面认知得以增强，能够有效激活角色宽度自我效能。其次，远程办公中更多的工作自主性和灵活性（马兹马尼安 等，2013），实际上也是管理者信任员工的一种表现，伴随这种情感资源的增加，这种信任会让员工感知到组织对其超出角色范围进行主动承担的期待。也有研究表明，具有较高工作自主性的员工通常会有更多工作投入，其企业责任感和使命感也更强，较高的工作自主性强化了其角色宽度自我效能（霍恩 等，2007）。因此，从工作要求—资源模型的视角来看，远程办公作为一种充裕的工具资源，对于员工的角色宽度自我效能起到了积极影响。

以往大量实证研究证实了角色宽度自我效能对员工工作绩效、主动性行为、创新行为等具有积极影响（高中华 等，2019）。高角色宽度自我效能的员工往往责任感知较高，更自信于去执行一些宽泛的角色任务，因此他们更相信自己有能力在工作中提出并实施一些新的想法（陈 等，2013）。同时，当出现创新受阻的情况时，高角色宽度自我效能的员工所表现出的抗压、抗挫能力更强，他们会更积极寻求解决问题的办法，创造条件坚持完成越轨创新活动，并使之最终符合企业目标（周燕 等，2021）。基于此，提出如下假设。

H2：角色宽度自我效能在远程办公与员工越轨创新行为之间起中介作用。

三、工作重塑的中介作用

工作重塑是指员工自发地改变其工作内容和工作边界，以达到个人的能力、兴趣爱好等与任务更高契合性的行为（热斯尼耶夫斯基，2001）。传统的工作重塑分为任务、关系及认知三个层面的重塑，其中最基础且最重要的是任务重塑（鲁道夫 等，2017）。任务重塑主要强调在物理上就工作内容和范围进行改变（鲁道夫 等，2017），而这一维度最为契合远程办公模式下工作方式改变的特征，故而本章重点关注任务重塑。远程办公所带来的工作自主性和自由裁量权作为工作资源成为员工工作重塑的重要诱因。一方面，工作自主性增强了员工重新塑造工作的机会，德布斯等（2020）的研究发现，在工作上具有较多自主性的员工有更多可能性和更多机会去进行工作重塑，从而实现人和工作的匹配（德布斯 等，2020）。另一方面，远程办公组织隔离带来员工工作裁量权加大，并且员工工作裁量权越大，员工越能自我决定工作方法、顺序和速度（胡斌 等，2020）。伴随着这些工作资源的增加，员工会通过调整个人行为和关系，调动资源自发进行工作重塑（佩特鲁 等，2012）。

已有研究表明，工作重塑对员工工作倦怠、出现离职倾向具有显著削弱作用，对提升员工工作绩效、提高员工工作满意度、做出越轨创新行为等具有积极作用（德布斯 等，2020；张春雨 等，2012；哈卡宁 等，2008）。首先，工作重塑增加了工作资源与个体目标相融合的机会（哈卡

宁 等，2008），为员工进行越轨创新行为创造了有利条件。其次，员工在进行工作重塑时，会自主整合工作任务和自身的专业技能与工作需求匹配，动态匹配的过程实际上也是资源再次分配的过程。而资源的再次分配容易激发员工新想法的产生，从而提升个人创造力（陆强，2018），这种创造力易成功诱发员工越轨创新。最后，阿夫萨尔等（2019）指出，由于工作重塑改变了任务边界，员工在新的视角和工作情境中，不可避免会带来人际资源和互通联系的拓展和延伸。这些社会资源能够为员工带来外部的新知识和新信息，不断更新员工的创新思想（阿夫萨尔 等，2019），甚至识别新的创新机会带来越轨创新行为。基于此，提出如下假设。

H3：工作重塑在远程办公与员工越轨创新行为之间起中介作用。

四、链式中介模型

工作重塑是个体的自发创造性行为。不少学者已经研究证实了个体因素（如主动性人格特质、调节焦点等）会影响员工工作重塑（张春雨 等，2012）。首先，和一般自我效能感相比，角色宽度自我效能更注重于员工个人对工作超越自己职责所要求的能力感知，可以增强个人对工作重塑行动成果的期望，是工作重塑的关键前因（黄 等，2015）。其次，在远程办公情境下，员工工作控制感增强（理查德森 等，2012），这种对工作的控制感进一步激发了员工的角色宽度自我效能，让员工相信对于额外工作任务自己有足够的能力应对并能从中获得潜在收益，从而敢于主动实施工作重塑（金 等，2018）。最后，员工在工作重塑过程中，高角色宽度自我效能的个体具备较强的应对挫折的能力，更相信自己有能力应对各种困难（周燕 等，2021），因此在面对工作重塑的复杂与挑战时，他们更有信心处理和解决这些问题，进而完成工作重塑。由此，可以预测员工的角色宽度自我效能会对工作重塑产生积极影响。结合上述三个假设，本章认为远程办公会通过激发员工的角色宽度自我效能促进其工作重塑，最终影响员工越轨创新行为。综上所述，提出以下研究假设。

H4：角色宽度自我效能和工作重塑在远程办公与员工越轨创新行为之

间起链式中介作用。

基于上述分析，提出本章总体模型，如图 4-1 所示。

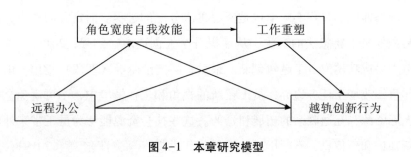

图 4-1　本章研究模型

第三节　研究设计

一、变量测量

与第三章一样，本章所有量表的选取以权威性和适用性为原则，均采用国内外成熟量表。为了尽可能地保证英文量表在远程办公情境下的适用性，本章采用标准的回译流程：首先，将英文量表题项翻译成中文文本，并在此过程中注意我国的语言习惯与特点，以保证翻译过来的中文量表不会产生歧义，通俗易懂；其次，邀请了一名有海外留学背景且事先不清楚量表原始内容的组织行为领域博士生将中文量表翻译成英文量表；最后，将翻译结果与问卷的原始英文版进行对照，对存在翻译分歧之处进行分析完善，并邀请了一名相关领域的教授对量表翻译情况进行把关和检查，尽可能减少原量表含义改变，使其不仅符合我国语言情境，还能体现一定的人力资源特性。本章采用 Liket5 级量表，即分别赋值 1 分至 5 分来代表从"完全不符合"到"完全符合"。

（一）远程办公

本章采用拉古拉姆和方（2014）的处理方法，以受访者每周不在办公室办公的时间来测量远程办公。具体来说，就是问受访者，"平均而言，你一周远程办公的时间大概是多少小时？"参照国外学者对远程办公小时数的划分，并融合我国实际办公的情境，《中华人民共和国劳动法》规定员工每日工作时间不超过 8 小时、每周工作时间不超过 40 小时。因此，本章设置每周远程办公评估标准如下：1＝小于 8 小时；2＝8（含）～16 小时；3＝16（含）～24 小时；4＝24（含）～32 小时；5＝大于 32 小时（含）。

（二）角色宽度自我效能

本章角色宽度自我效能的测量基于帕克（1998）编制的经典量表，其共收录了十个题项，如"我喜欢为工作任务创造新的程序"等。具体条目如表 4-1 所示。

表 4-1　角色宽度自我效能测量量表

变量	序号	维度	题项	题项来源
角色宽度 自我效能	RBSE01	—	我有信心在一群同事面前展示信息	帕克（1998）
	RBSE02		我有信心帮助设置我所在工作领域的工作目标	
	RBSE03		我有信心为我所工作的领域设计新的业务流程	
	RBSE04		我有信心与单位外的人（比如顾客）联系以探讨问题	
	RBSE05		我有信心通过分析一个长期的问题来找到解决办法	
	RBSE06		我有信心在有高级领导参加的会议中阐述我工作领域的信息	
	RBSE07		我有信心拜访其他部门的员工并建议他们换一种方式做事	
	RBSE08		我喜欢寻找复杂问题的解决方法	
	RBSE09		我喜欢为工作任务创造新的程序	
	RBSE10		我喜欢改进现有的流程和产品	

注：RBSE 表示角色宽度自我效能。

（三）工作重塑

本章工作重塑使用利安娜等（2009）所设计的四题项量表，如"我会通过引进新的工作方法进而改善我的工作"等。具体条目如表 4-2 所示。

表 4-2　工作重塑测量量表

变量	序号	维度	题项	题项来源
工作重塑	JC01	—	我会引进新的方法来改进我的工作	利安娜等（2009）
	JC02		我会在工作中改进我认为没有效率的细小程序	
	JC03		我会改变工作方式，让自己更轻松	
	JC04		我会重新布置工作设备或家具	

注：JC 表示工作重塑。

（四）越轨创新行为

本章越轨创新行为沿用克里斯库洛（2014）编制的五题项量表，如"在我所从事的主要工作以外，我喜欢思考一些新的创意"等。具体条目如表 4-3 所示。

表 4-3　越轨创新行为测量量表

变量	序号	维度	题项	题项来源
越轨创新行为	DIB01	—	我能基于工作计划灵活地安排工作任务，从而挖掘新的、潜在的、有价值的商业机会	克里斯库洛（2014）
	DIB02		除了组织分配的任务外，我的工作计划让我没有更多的时间去做其他的工作	
	DIB03		我喜欢在所从事的主要工作之外思考一些新的创意	
	DIB04		我正在开展一些子项目，这使我能够接触一些新的领域	
	DIB05		我主动花费时间去开展一些非官方的项目来丰富未来的官方项目	

注：DIB 表示越轨创新行为。

（五）控制变量

根据越轨创新的已有研究，本章把性别、年龄、受教育程度、工作年限、岗位类别作为控制变量处理。因此，本章选取上述人口统计学变量作为控制变量。控制变量编码设置如下：性别分为两类，男性＝0，女性＝1；年龄分为五档，25 岁及以下＝1，26～30 岁＝2，31～35 岁＝3，36～40 岁＝4，41 岁及以上＝5；受教育程度分为五档，高中（职高）＝1，大专（高职）＝2，大学本科＝3，硕士研究生＝4，博士研究生＝5；工作年限分为五档，3 年以下＝1，3～5 年＝2，6～8 年＝3，9～10 年＝4，10 年以上＝5；岗位类别分为两类，技术类人员＝0，非技术类人员＝1。

已有研究发现，工作自主性在远程办公和越轨创新中起中介作用（肖志明 等，2020），为提升研究的严谨性，本章将工作自主性一并作为控制变量。本章该变量的测量源于基尔迈耶和希罗姆（1986）开发的七题项量表，如"对于工作上的事情，我有充分的发言权"等。具体条目如表 4-4 所示。

表 4-4　工作自主性测量量表

变量	序号	维度	题项	题项来源
工作自主性	JA01	—	我能自由决定自己的工作应该怎么干	基尔迈耶和希罗姆（1986）
	JA02		对于工作上的事情，我有充分的发言权	
	JA03		我能自由决定什么时候休息	
	JA04		我能自由决定和谁一起完成工作	
	JA05		我能自由决定工作的进度	
	JA06		我对自己工作的结果负直接责任	
	JA07		在工作时间，我能自由决定干什么	

注：JA 表示工作自主性。

二、数据收集

本章采用问卷调查法，调查样本来自安徽、广西的企业，涵盖了技术、职能、市场等多种涉及远程办公的岗位。为保证问卷质量，本章在正式发放问卷前进行了预调研。为降低共同方法偏差问题的影响，本章采取划分时间间隔、分阶段收集数据的方式。本章第一阶段于 2021 年 5 月进行，调查内容包括远程办公、工作自主性、角色宽度自我效能的题项及人口统计变量。该阶段共发放问卷 580 份，共收回问卷 516 份。本章第二阶段于 2021 年 9 月进行，邀请了前期填写问卷的人员进行再次填写，问卷的填写内容为工作重塑和越轨创新行为的题项。该阶段共发放问卷 516 份，最终通过网络地址显示匹配，获得有效问卷 403 份，有效问卷率为 78.1%。

三、样本描述

本章样本基本信息如表 4-5 所示。从性别来看，男性占比 62.8%，女性占比 37.2%；年龄分布方面，年龄分布在 26~30 岁的人数最多，占比 33%，其次是 25 岁及以下，占比为 31.3%；受教育程度方面，大学本科学历人数占比最高，占比为 50.9%，其次是大专（高职）学历，人数占比为 28.3%；在工作年限方面，3 年以下人数占比最高，为 32.5%，其次为 3~5 年，占比为 29%；岗位类别方面，技术类人员占比 34.2%，非技术类人员占比 65.8%。

表 4-5　样本基本信息

统计变量	类别	人数	百分比/%	累计百分比/%
性别	男	253	62.8	62.8
	女	150	37.2	100
年龄	25 岁及以下	126	31.3	31.3
	26~30 岁	133	33	64.3
	31~35 岁	65	16.1	80.4
	36~40 岁	45	11.2	91.6
	41 岁及以上	34	8.4	100

表4-5(续)

统计变量	类别	人数	百分比/%	累计百分比/%
受教育程度	高中（职高）	55	13.6	13.6
	大专（高职）	114	28.3	41.9
	大学本科	205	50.9	92.8
	硕士研究生	25	6.2	99
	博士研究生	4	1	100
工作年限	3年以下	131	32.5	32.5
	3~5年	117	29	61.5
	6~8年	71	17.6	79.1
	9~10年	45	11.2	90.3
	10年以上	39	9.7	100
岗位类别	技术类人员	138	34.2	34.2
	非技术类人员	265	65.8	100

注：$N=403$。

第四节 数据分析与研究结果

一、同源方差检验

本章的问卷数据收集全部源于样本的自我报告，数据来源相对单一，因此有可能会出现同源方法偏差。为了减少同源方法偏差的影响，一方面，本章在进行问卷发放之初将题项顺序打乱，通过匿名填写等方式填写；另一方面，本章采用赫尔曼单因素分析法对所有变量条目进行分析，检验数据可能存在的同源方差（波德萨科夫 等，2003），具体包括将远程办公（1个题项）、角色宽度自我效能（10个题项）、工作重塑（4个题项）和越轨创新行为（5个题项）四个变量共20个题项一起放入，若提取的第一个主成分因子的解释率大于40%，则说明同源偏差问题严重。本研究通过主成分分析法得到的 KMO 值为 0.919（>0.9），第一因子（未旋转）的累计方差贡献率为 37.17%，低于 40% 的判别标准，这表明研究受共同方法偏差的影响并不严重（汤丹丹 等，2020）。

二、问卷的信度和效度检验

根据杨志蓉（2006）的观点，对问卷的信效度进行分析是进行样本数据统计分析的前提，只有保证测量工具的可靠性和有效性，才能使得通过统计关系得出的各潜变量之间的关系有意义。

（一）信度检验

本章对角色宽度自我效能、工作重塑和越轨创新行为三个核心变量以及工作自主性这一控制变量进行了信度检验，具体分析结果如表 4-6 所示。可以看出，各变量的 Cronbach's α 值均大于 0.7 的临界值，这表明"角色宽度自我效能""工作重塑""越轨创新行为""工作自主性"的内部一致性较高，通过了信度检验。

表4-6　问卷信度分析结果

变量	题数	Cronbach's α 值	备注
角色宽度自我效能	10	0.894	
工作重塑	4	0.892	
越轨创新行为	5	0.899	
工作自主性	7	0.843	控制变量

注：$N=403$。

（二）效度分析

本章运用 Mplus8.0 对远程办公、角色宽度自我效能、工作重塑和越轨创新行为这四个变量进行验证性因子分析，即构建研究变量的竞争模型，进行变量的区别效度检验。本章将构建的四因子模型分别和其他的竞争模型（三因子模型、二因子模型及单因子模型）进行比较。模型拟合主要评价指标包括：比较拟合指数（CFI）>0.9，Turker-Lewis 指数（TLI）>0.9，近似均方根误差（RMSEA）<0.08，标准化均方根残差（SRMR）<

0.08。具体分析结果如表 4-7 所示。其中，四因子模型对数据的拟合效果最优，明显优于其他任何替代模型的拟合效果，这说明本章构建的远程办公对新员工工作绩效的影响机制模型中的四个变量的区分效度良好。

表 4-7　验证性分析结果

模型	因子	χ^2	df	χ^2/df	CFI	TLI	RMSEA	SMRM
四因子模型	T，RBSE，JC，DIB	292.999	165	1.776	0.969	0.965	0.044	0.058
三因子模型	T，RBSE+JC，DIB	1 131.737	168	6.737	0.768	0.738	0.119	0.122
二因子模型	T+RBSE，JC+DIB	1 069.015	169	6.326	0.784	0.757	0.115	0.108
单因子模型	T+RBSE+JC+DIB	1 956.455	170	11.509	0.571	0.52	0.162	0.174

注：$N=403$；T 表示远程办公；RBSE 表示角色宽度自我效能；JC 表示工作重塑；DIB 表示越轨创新行为；+表示合成为一个因子。

三、描述性统计与相关性分析

作为进行回归分析的前提，相关分析是对假设的初步判定。本章在进行回归分析之前先进行相关分析，即通过皮尔逊相关系数进行估计。根据学者观点，如果皮尔逊相关系数的绝对值<0.3，则表示低相关；如果其绝对值介于 0.3~0.6，则为中度相关；如果其绝对值>0.6，则为高度相关。本章探讨远程办公、角色宽度自我效能、工作重塑及越轨创新行为之间的相关程度，具体分析结果如表 4-8 所示。表 4-8 呈现了本章所涉及的各变量的均值（Mean）、标准差（SD）以及相关系数。其中，远程办公与角色宽度自我效能（r=0.352，p<0.01）、工作重塑（r=0.316，p<0.01）和越轨创新行为（r=0.343，p<0.01）均正相关；角色宽度自我效能分别与工作重塑、越轨创新行为的相关系数为 0.344（p<0.01）、0.418（p<0.01）；工作重塑与越轨创新行为的相关系数为 0.420（p<0.01），这些结果为前文假设验证奠定了良好的基础。

表 4-8 描述统计和变量相关分析

变量	均值	标准差	1	2	3	4	5	6	7	8	9
1. 性别	0.370	0.484	—								
2. 年龄	2.325	1.256	-0.069	—							
3. 受教育程度	2.530	0.841	-0.012	0.000	—						
4. 工作年限	2.365	1.300	0.045	-0.015	0.177**	—					
5. 岗位类别	0.660	0.475	0.123	-0.009	-0.034	0.001	—				
6. 工作自主性	3.762	0.702	-0.067	0.042	0.112*	0.017	0.055	—			
7. 远程办公	2.370	0.985	-0.079	-0.127*	0.095	0.078	-0.092	0.097	—		
8. 角色宽度自我效能	3.567	0.946	-0.092	-0.030	0.035	0.055	-0.035	0.128*	0.352**	—	
9. 工作重塑	3.905	0.879	-0.086	-0.007	-0.014	0.015	-0.032	0.163**	0.316**	0.344**	—
10. 越轨创新行为	3.482	0.948	-0.070	0.028	0.053	0.027	-0.079	0.178**	0.343**	0.418**	0.420**

注：$N = 403$；* 表示在 $p < 0.05$ 水平上显著相关；** 表示在 $p < 0.01$ 水平上显著相关，*** 表示在 $p < 0.001$ 水平上显著相关。

四、假设检验

（一）主效应检验

本章通过 SPSS 软件进行多元回归分析来检验前文假设。本章首先将控制变量（性别、年龄、受教育程度、工作年限、岗位类别、工作自主性）置于空模型中（见表4-9中模型4-1）；其次，将自变量远程办公加入回归方程（见表4-9中模型4-2）。由表4-9中模型4-2可知，远程办公正向影响（$\beta = 0.330$，$p < 0.001$）越轨创新行为，假设 H1 成立。

表4-9　主效应的回归检验结果

变量	越轨创新行为	
	模型4-1	模型4-2
控制变量		
性别	−0.014	−0.023
年龄	0.033	0.062
受教育程度	0.023	0.004
工作年限	0	0
岗位类别	−0.069	−0.053
工作自主性	0.126 **	0.144 **
自变量		
远程办公		0.330 ***
R^2	0.198	0.147
R^2 Change	0.184	0.132
F 值	13.907 ***	9.701 ***

注：$N = 403$；* 表示在 $p < 0.05$ 水平上显著相关；** 表示在 $p < 0.01$ 水平上显著相关，*** 表示在 $p < 0.001$ 水平上显著相关。

（二）中介效应检验

本章参照巴伦和肯尼（1986）的中介检验方法，从表4-10中模型4-3可知，远程办公正向影响（$\beta = 0.337$，$p < 0.001$）角色宽度自我效能。

表4-10中模型4-6结果显示，角色宽度自我效能正向影响越轨创新行为（$\beta = 0.326$，$p<0.001$），同时，尽管远程办公对越轨创新行为的正向影响仍然存在，但影响程度较模型4-2相比有所减弱（$\beta = 0.330$，$p<0.001$变为$\beta = 0.220$，$p<0.001$）。由此可知，角色宽度自我效能部分中介了远程办公对越轨创新行为的影响，因此假设H2得以验证。同理，由表4-10中模型4-4可知，远程办公正向影响工作重塑（$\beta = 0.307$，$p<0.001$）。表4-10中模型4-8结果显示，工作重塑正向影响越轨创新行为（$\beta = 0.331$，$p<0.001$），同时，尽管远程办公对越轨创新行为的正向影响仍然存在，但影响程度较模型4-2相比有所减弱（$\beta = 0.330$，$p<0.001$变为$\beta = 0.229$，$p<0.001$）。由此说明，工作重塑部分中介了远程办公对越轨创新行为的影响，因此假设H3得以验证。

表4-10　中介效应的回归检验结果

变量	角色宽度自我效能	工作重塑	越轨创新行为			
	模型4-3	模型4-4	模型4-5	模型4-6	模型4-7	模型4-8
控制变量						
性别	−0.06	−0.051	−0.014	−0.004	−0.018	−0.006
年龄	0.005	0.023	0.033	0.06	0.025	0.054
受教育程度	−0.014	−0.059	0.023	0.008	0.042	0.023
工作年限	0.032	0.002	0	−0.011	0.013	−0.001
岗位类别	−0.002	−0.007	−0.069	−0.052	−0.068	−0.051
工作自主性	0.092	0.136**	0.126**	0.114*	0.110*	0.100*
自变量						
远程办公	0.337***	0.307***		0.220***		0.229***
中介变量						
角色宽度自我效能			0.399***	0.326***		
工作重塑					0.399***	0.331***
R^2	0.137	0.124	0.198	0.239	0.197	0.242
R^2 Change	0.122	0.109	0.184	0.223	0.183	0.227
F 值	8.959***	8.014***	13.907***	15.427***	13.876***	15.754***

注：$N=403$；* 表示在$p<0.05$水平上显著相关；** 表示在$p<0.01$水平上显著相关，*** 表示在$p<0.001$水平上显著相关。

（三）链式中介效应检验

本章借鉴普里彻和海耶斯（2008）的方法，使用 SPSS 的宏程序 Process3.3 检验假设 H4，通过将角色宽度自我效能和工作重塑两个中介变量同时放入 Process3.3（选择 Model 6，自助样本=5 000）进行检验。其分析结果如表 4-11 所示，首先，远程办公通过角色宽度自我效能这一中介路径影响越轨创新行为（表 4-11 中路径 1）的间接效应值为 0.087，所对应的 95%置信区间为［0.044，0.140］，不包含零，这说明其中介效应是显著的，假设 H2 再次得验。其次，远程办公通过工作重塑这一中介路径影响越轨创新行为（表 4-11 中路径 2）的间接效应值为 0.059，所对应的 95%置信区间为［0.026，0.101］，不包含零，这说明其中介效应也是显著的，假设 H3 再次得验。最后，研究发现，远程办公通过角色宽度自我效能和工作重塑的链式中介也同样影响了员工的越轨创新行为（表 4-11 中路径 3），其间接效应值为 0.023，所对应的 95%置信区间为［0.009，0.039］，不包含零；而总间接效应值为 0.169，所对应的 95%置信区间为［0.115，0.230］，不包含零，总间接效应显著。由此说明，角色宽度自我效能与工作重塑的链式中介效应显著，假设 H4 成立。

表 4-11　链式中介效应分析结果

模型路径	β	SE	95%置信区间	
			LLCI	ULCI
路径 1：T→RBSE→DIB	0.087	0.024	0.044	0.140
路径 2：T→JC→DIB	0.059	0.019	0.026	0.101
路径 3：T→RBSE→JC→DIB	0.023	0.008	0.009	0.039
总间接效应	0.169	0.029	0.115	0.230

注：$N=403$；自助样本=5 000；T 表示远程办公；RBSE 表示角色宽度自我效能；JC 表示工作重塑；DIB 表示越轨创新行为。

第五节　结论与讨论

一、研究结论

本章基于工作要求—资源模型，提出"远程办公→角色宽度自我效能→工作重塑→越轨创新行为"这一链式中介模型，采用两阶段样本数据进行模型验证，其研究结论包括：第一，远程办公正向影响员工越轨创新行为；第二，角色宽度自我效能、工作重塑分别部分中介了远程办公对越轨创新行为的影响；第三，远程办公能够正向通过"角色宽度自我效能-工作重塑"的链式中介作用影响员工越轨创新行为。具体结果如表4-12所示。

表4-12　假设检验结果汇总

研究假设	假设内容	检验结果
假设H1	远程办公对员工越轨创新行为产生正向影响	得到验证
假设H2	角色宽度自我效能在远程办公与员工越轨创新行为之间起中介作用	得到验证
假设H3	工作重塑在远程办公与员工越轨创新行为之间起中介作用	得到验证
假设H4	角色宽度自我效能和工作重塑在远程办公与员工越轨创新行为之间起链式中介作用	得到验证

二、理论贡献

第一，研究表明，远程办公对员工的越轨创新行为产生了深远影响。在过去的研究中，关于远程办公的讨论主要集中在员工的工作绩效、工作-家庭平衡/冲突等方面（布卢姆 等，2015；盖詹德拉 等，2007），很少有关注其对越轨创新行为影响的。此外，在探讨远程办公对员工工作结果的作用机制时，大多数研究都着重考虑工作自主性、工作幸福感和组织承诺等因素（贝利 等，2002；马兹马尼安 等，2013；盖詹德拉 等，2007）。然而，本章基于工作要求—资源模型，将工作自主性视为控制变量，构建了一个链式中介模型来更加深入地剖析远程办公对员工越轨创新行为的内在作用机理。通过对这一模型的研究发现，远程办公不仅可以提高员工的灵活性和自主性，还能够激发他们更积极地参与到创新活动当中。此外，这种方式还能够减少传统上班带来的压力和焦虑情绪，从而使得员工更容易进入状态进行创造性思考。因此，可以说远程办公不仅改善了个体心理健康水平，而且促进了整体团队或者公司层面上的创新氛围。总之，本章所提出并验证出来的链式中介模型揭示了远程办公如何通过增强个体资源影响员工越轨创新行为。这些发现不仅丰富了研究者对远程办公及其影响机制的认知，而且有望为相应的管理实践建立指导原则。

第二，本章充实了中介变量角色宽度自我效能、工作重塑的相关研究。本章通过链式中介模型的检验，理清了远程办公对员工越轨创新行为的影响路径，明晰了角色宽度自我效能、工作重塑在此影响机制中的单独和联合作用，这一发现验证和回应了学者们关于角色宽度自我效能（周燕 等，2021）、工作重塑（哈卡宁 等，2008；阿夫萨尔，2019）对越轨创新行为的正向中介作用的观点，同时丰富了双中介的联合作用机制研究，有助于深刻理解远程办公对员工越轨创新行为的影响，拓展了双中介联合作用机制方面的研究。此外，本章还强调了在远程办公这一特定场景下员工越轨创新行为的影响路径。本章通过链式中介模型的检验，清晰揭示了远程办公如何通过角色宽度自我效能和工作重塑影响员工的越轨创新行为，从而丰富了对该特定场景下员工行为变化的理解。这些结果有望为全面、深入认识远程办公环境下员工行为变化机制奠定基础，并将有助于相关管理实践与政策制定。

第三，本章拓展了越轨创新行为的前因研究。在当前的研究中，越轨创新行为已经成为学者们关注的焦点之一。除了领导风格（陈慧 等，2021；吴玉明 等，2020；刘晓琴 等，2020）和个体特征（杨剑钊 等，2019）等因素对越轨创新行为的影响外，工作环境特征变化也逐渐引起了学者们的兴趣。随着远程办公模式在企业中日益普及，员工所处的工作环境发生了巨大变化，这必然会对他们的越轨创新行为产生影响。在远程办公模式下，员工可能更加自由地安排自己的时间和空间，并且能够更好地平衡工作与生活。这种个体资源的增加可能激发出员工更多积极向上、富有创造力的思维模式，从而促进其展现出更多积极向上、富有创造力的表现。此外，在远程办公模式下，员工可以通过各种数字化协同办公软件进行交流合作，这也让他们能够更便捷地分享彼此的想法和资源，并获得来自不同领域或部门同事的全新视角与启发。本章揭示了远程办公对员工越轨创新行为的正向积极影响，这是对现有关于越轨创新研究的补充。

三、管理启示

第一，组织应积极提供远程办公支持，充分发挥远程办公对员工越轨创新行为的积极影响。首先，组织应通过采用稳定的云服务和适合自身企业的在线办公和协作平台，创建优质的虚拟办公网络环境，设置专业人员提供 24 小时技术服务，从技术层面为员工在远程办公模式下进行创新活动提供保障。同时，通过建立定期的在线会议、团队合作平台以及信息共享系统来促进员工之间的交流与合作。其次，管理者应转变思想观念，充分给予员工信任，通过线上办公平台或信息技术，做到科学合理地对员工工作进行监督和评估。同时，组织也可以鼓励员工参与远程培训和学习，提供相关资源和支持，以不断提升他们的专业技能和知识水平。此外，组织应充分利用远程办公带来的自主性等优势，让员工在相对开放、包容的环境中发挥所长，激发员工创造力。在远程办公模式下，管理者需要更加注重对员工心理健康的关注。组织可以通过开展心理咨询服务、定期与员工进行情感沟通等方式帮助员工缓解压力、保持积极向上的心态。与此同时，组织应建立健全反馈机制，及时了解并解决员工在远程办公过程中遇到的问题和困难。

第二，管理者应注重提升员工角色宽度认知，鼓励员工工作重塑。在缺乏现实共同沟通环境的远程办公场景中，管理者应格外重视在团队内部构建良好的信任关系，并依托系统平台建立分层分级的信息沟通分享机制，保障员工对组织发展、管理决策等的知情权，定期更新组织目标、战略规划和业务进展，让员工了解他们的工作应如何与组织的整体目标相结合。组织应鼓励员工参与决策过程，发表个人意见，如通过调查问卷、意见箱或建议系统，提升员工主人翁意识，以此增强员工的角色宽度自我效能感知，通过认可和奖励机制，让员工感受到他们的贡献被重视。同时，组织应鼓励员工在远程办公的人力资源实践中进行尝试与探索，并且鼓励员工在职责范围内进行创新尝试，即使这些尝试可能不会立即带来成果。组织应通过正面的反馈和建设性的批评，帮助员工了解自己的表现和改进的方向，在此过程中组织应确保反馈是具体的、及时的且有助于员工发展的。组织应在员工需要帮助时给予支持与帮扶。此外，组织应通过不断强化培训、工作再设计、管理训练等方式，提升员工的专业技能和胜任力，开发员工潜能，激励员工工作重塑，促进其越轨创新行为，具体如定期提供专业技能培训和领导力发展课程，以提升员工的能力和适应性；通过工作坊、研讨会和在线课程等，不断更新员工的知识库；重新设计工作流程和角色分配，以适应快速变化的工作环境；通过管理训练，提升管理者的领导能力和团队协调能力；鼓励跨界合作，促进不同部门和团队之间的知识与经验交流等。

第三，管理者应把握适度原则，加强线上创新环境的有效管理。远程办公给予员工相对灵活、自由的工作自主性，结合本章研究，这种工作模式有助于激发员工的角色宽度自我效能，员工更愿意发挥主观能动性进行工作重塑，继而进行越轨创新。但过犹不及，在远程办公模式下如若过程控制和必要监督严重缺失，员工也可能会做出破坏性的越轨创新行为。因此，管理者应有效地进行线上管控，既不放任也不完全抵制越轨创新行为；同时，建立健全相关的惩处机制，有效规避破坏性越轨创新行为的发生，加大破坏性越轨创新行为成本。具体来说，在远程办公模式下，员工可能会因为缺乏实时监督而产生一些越轨行为，这种行为可能会对组织的利益和声誉造成严重影响。因此，管理者需要采取有效措施来进行线上管控，并建立健全制度和机制来规范员工的行为。除了加强对员工的日常监督外，组织还可以通过培训和教育来提高员工对公司价值观和规章制度的认知，从而减少破坏性越轨创新行为的发生。同时，组织在处理越轨行为时要坚持公平公正原则，并根据具体情况采取适当惩处措施，以维护组织内部秩序和稳定发展。

四、局限与展望

其一，模型构建的局限。首先，本章基于工作要求—资源模型构建了以角色宽度自我效能和工作重塑为中介变量的远程办公对员工越轨创新的作用机制模型，并通过了实证检验。但其作用机制是否存在其他中介，还有待进一步深入研究。在未来研究中，应充实研究方法，如通过案例研究法、实验研究法等获取研究数据，丰富研究内容。其次，本章侧重于考虑个体层面的因素，然而越轨创新是多种因素相互作用的结果，未来可以考虑加入组织氛围、结构等组织因素或领导风格、特质等领导因素，进行跨层次的研究和分析。

其二，研究设计的局限。首先，在实证验证模型阶段，尽管本章在问卷填写时采取了匿名填写、打乱题项等方式，同时采取了两阶段问卷发放来解决同源方差问题，但由于所有量表测量都来自平台从业者同一主体的自评，且受调研地区的限制，仍不可避免地会产生同源方差问题和样本地域局限。尽管实证结果发现本章研究的同源方差问题不大，但测量结果可能还是存在主观个人色彩。因此，在未来研究中，一方面，丰富研究样本，可以扩大研究样本的地域，进行多国、多城市样本的理论抽样和问卷收集，以进一步对现有模型进行验证和探索，提高研究结果的普适性；另一方面，可以在实证研究中加入管理者评价、同事评价等多维综合数据，进一步提高研究的科学性。

本章小结

本章以工作要求—资源模型为基础，结合远程办公模式下，员工越轨创新行为这一现状出发，探讨远程办公对员工越轨创新行为的影响机制，探索并构建了以角色宽度自我效能、工作重塑为中介变量的远程办公对员工越轨创新行为的多重链式中介模型，深入探究了远程办公影响员工越轨创新行为的内在传导路径，并在此基础上提出了相关研究假设。本章实证检验涉及量表均为国内外权威测量量表，为了保证所有变量的量表信效度，本章在进行大规模样本调研之前开展了预调研。本章在正式调研阶段，通过熟悉的企业渠道等进行问卷收集，通过两阶段问卷调查，最终获得有效问卷403份。通过对问卷数据的分析，本章所提的4个假设全部得到数据支持和验证。其中，远程办公对员工越轨创新行为存在显著正向影响。本章运用回归分析检验了角色宽度自我效能、工作重塑的中介效应，发现角色宽度自我效能在远程办公与越轨创新行为之间起到了显著的部分中介作用；同时也证实了工作重塑在远程办公与越轨创新行为之间起到了显著的部分中介作用。接着，本章检验了链式中介效应，通过自助法证实了角色宽度自我效能与工作重塑在远程办公对员工越轨创新行为的正向影响中既分别起到部分中介作用，也共同起到链式中介作用。基于以上分析，本章对所有假设的检验结果进行总结，并阐明本章研究的理论贡献和管理启示，提出本章研究的局限与展望。

第五章　总结与展望

　　远程办公作为一种典型的新兴工作模式，对员工的绩效和创新能力产生了显著影响。本书通过文献回顾与系统梳理，全面总结了远程办公的概念内涵及其测量方法，分析了影响远程办公的前因因素，包括企业与员工需求、技术进步、政策支持以及环境与健康等，并总结了其在社会层面、组织层面及个体层面的影响结果。此外，本书系统性地探讨了远程办公作用机制相关理论和研究方法，并对远程办公与工作绩效、越轨创新之间的相关研究进展进行了综述。在此基础上，本书开展了两项实证研究：①考察了远程办公对新员工工作绩效的影响，重点分析了组织社会化在其中所扮演的中介角色，以及情绪智力差异所带来的调节效应。②探讨了远程办公对员工越轨创新行为的影响，并剖析了角色宽度自我效能和工作重塑在其中形成的链式中介关系。最后，本书得出了一些具有重要价值的结论，以填补现有文献的不足，同时也指出了本书的局限性，为后续深入探讨奠定基础。

第一节　总体研究结论

　　本书通过实证研究探讨了远程办公对工作绩效与越轨创新的影响机制，并得出了以下研究结论：

　　其一，根据子研究一得出的结论，远程办公对新员工的工作绩效产生了显著的正向影响。在此过程中，组织社会化在远程办公与工作绩效之间发挥了中介作用，而情绪智力则在远程办公与组织社会化之间起到了调节作用。具体而言，情绪智力水平越高，远程办公对组织社会化的影响越小；同时，情绪智力也调节了组织社会化在远程办公与工作绩效之间的中介效应，即情绪智力水平越高，其中介效应越弱。具体来说：①远程办公对新员工的工作绩效产生了显著的正向影响。该模式为新员工提供了更大的灵活性，使其能够根据个人最佳工作时间和环境进行任务安排，从而提升其工作效率。同时，远程办公减少了传统办公室中的干扰因素，如频繁的会议和同事间的不必要打扰，这使得新员工能够更加专注于自身的工作任务。此外，通过使用多种在线协作工具，新员工能够与团队成员保持有效沟通，即使身处不同地点也能顺利开展合作。这种跨地域协作方式不仅拓宽了信息交流渠道，还可能带来多样化视角，从而进一步促进创新思维的发展。②组织社会化在远程办公与工作绩效之间发挥了中介作用，这表明新员工在适应远程办公环境的过程中，通过组织社会化获得支持和资源，从而提升其工作绩效。在此过程中，新员工通过参与团队活动、接受培训以及与同事进行有效沟通，逐步融入组织文化并建立良好的职业关系。③情绪智力在远程办公与组织社会化之间发挥了调节作用。然而，高水平的情绪智力可能导致个体对外部环境变化的敏感性增强，这种敏感性可能使他们在与他人互动时更加谨慎，从而抑制他们开放交流和信息共享的意愿。同时，在远程办公模式下，由于缺乏面对面的沟通机会，新员工需要主动寻求支持和反馈。如果他们过度关注同事的反应，可能会导致自身在适应过程中较为被动，从而减缓其组织社会化的进程。此外，在某些情况下，具有极高情绪智力的新员工也可能面临决策困难。在处理复杂的人际关系时，他们容易陷入对各种潜在后果的深思熟虑之中，这不仅延误了行动，还可能引发不必要的焦虑。因此，过高的情绪智力会削弱远程办公对组织社会化所产生的积极影响。④情绪智力不仅调节了组织社会化在远程办公与工作绩效之间的中介效应，而且随着情绪智力水平的提高，该中介效应呈现出递减趋势。这意味着当新员工具备较高的情绪智力时，他们能够更加独立地处理问题，不再完全依赖于通过组织社会化所获得的信息和支持。因此，组织在设计针对新员工的培训及发展计划时，应考虑如何提升其情绪智力，以便优化其适应过程，提高整体工作效率。同时，组织也需要关注不同层次的新员工具有不同程度的发展需求，应制定相应策略满足这些需求。

其二，根据子研究二得出的结论，远程办公对员工的越轨创新行为产生了显著的正向影响。在此过程中，角色宽度自我效能与工作重塑均在远程办公与越轨创新行为之间发挥了中介作用。此外，角色宽度自我效能通过工作重塑在远程办公与越轨创新行为之间形成链式中介关系。具体来说：①远程办公对员工的越轨创新行为产生了显著的正向影响。该模式为员工提供了更大的灵活性和自主权，使其能够在不受传统工作环境限制的情况下进行创造性思考。这种自由度促使员工勇于尝试新的方法和解决方案，从而激发出更多的越轨创新行为。同时，远程办公还鼓励员工在面对问题时采取更加开放和多样化的方法。在这种工作模式下，员工可以随时访问各种在线资源及平台，以获取信息并寻求灵感。这一便利条件激励他们探索新颖的方法与解决方案，进一步促进其越轨创新行为的发展。例如，他们可能会利用社交媒体或专业网络，与行业内外人士交流想法，这种跨界合作有助于拓宽视野并引入新颖理念。②角色宽度自我效能在这一过程中发挥了重要的中介作用。角色宽度自我效能是指个体对其在多重角色中有效履行职责能力的信心。当员工感到自己能够胜任多样化任务时，他们更有可能主动探索新想法并实施创新。因此，在远程办公模式下，提升员工的角色宽度自我效能将进一步促进其越轨创新行为。③工作重塑在远程办公与越轨创新行为之间同样发挥了中介作用。工作重塑是指个体通过调整自身的工作内容、方式或目标以适应变化。在远程办公模式下，员工通常需要重新定义自己的工作流程，以更好地满足个人及团队的需求。这一过程不仅增强了他们对工作的掌控感，还鼓励他们以更加灵活和开放的态度面对挑战，从而推动越轨创新的发展。④角色宽度自我效能与工作重塑之间存在链式中介关系。在这一关系中，高水平的角色宽度自我效能会促使员工具备更强烈的意愿进行工作重塑，而成功完成该过程后又会反过来增强其越轨创新行为。因此，可以认为，提升员工在远程办公模式下的角色宽度自我效能，并支持其有效地进行工作重塑，有助于全面提升组织内外部的创新能力。

第二节　未来研究展望

尽管本书通过实证分析得出了有价值的结论，为政策制定、组织人力资源实践及远程办公员工提供了一系列有针对性和建设性的对策与指导，但由于模型构建、研究设计及视角等方面存在一定局限（详见第三章第五节、第四章第五节），如在模型构建过程中，可能未充分考虑某些变量之间的复杂关系，这可能影响结果的全面性。此外，本书所采用的方法虽然具备一定的科学性，但在样本选择和数据收集上仍有改进空间，例如样本量较小或地域受限等问题，这可能导致结果在不同背景下的适用性受到制约。同时，本书主要集中于特定行业或群体，忽略了其他潜在的重要因素。前文对以上问题已做论述，本章节不再详细阐述。基于上述分析，本书依然具有显著的改进空间。在未来相关研究中，可以考虑以下几个方面：

第一，在研究内容上，可进一步深入探讨远程办公对员工工作效率、团队协作以及个人生活平衡等方面的影响，并结合实际案例进行分析。通过调查和分析员工在家办公时的情绪状态、压力水平以及与同事之间的沟通互动，可以更全面地了解远程办公对员工个体心理健康的影响，并提出相应的干预建议。此外，也可以考虑将远程办公与家庭生活、子女教育等方面联系起来，探讨其对个人生活平衡和家庭关系的影响。同时，还可以考虑将远程办公与企业成本、环境保护和交通、通勤等方面联系起来，探讨其在社会层面带来的影响。在跨文化视角下比较不同国家或地区对远程办公的态度和应用情况，可以更全面地了解其在不同文化背景下的适用性和挑战。另外，可以融合新兴技术如人工智能和大数据分析进一步探索远程办公模式下管理策略、组织文化建设以及信息安全等方面，并提出相应解决方案。而从跨学科视角看待问题，则需要结合社会学、心理学等相关领域知识，深入研究远程办公模式给组织文化、团队凝聚力以及领导者与成员关系等方面带来的变革。同时也可从经济学角度出发，分析远程办公对企业成本结构、城市规划以及交通运输行业产生的影响并探讨其可能带来的宏观经济效益。

第二，在研究设计上，未来可以从其他学科领域借鉴相关理论与方法，并开展跨学科合作式课题探讨。在远程办公的实践和效果比较方面，可以进一步深入探讨不同行业对远程办公的适应性和影响。通过案例分析和数据统计，可以识别出各行业特征对远程办公模式的影响因素，如金融领域对安全性要求较高、制造业需要更多现场操作等。同时，在研究设计上还可以考虑加入企业文化、组织结构等因素进行分析，以全面了解不同行业背景下远程办公的实际运作情况。在时间阶段的变化和发展方面，除了关注疫情期间与后疫情时期的差异外，还可拓展到长期趋势预测及未来发展规划。通过搜集历史数据并结合专家意见进行预测分析，可以揭示远程办公在未来可能呈现出的新趋势，并为相关干预措施提供科学依据。对于干预措施设计和评估，则可进一步扩大范围涉及培训内容、技术支持方式、政策引导手段等多个层面。例如，在培训方面不仅提供使用工具技能培训，还需考虑沟通协作技巧、心理健康指导等内容；而在技术支持方面，则需要兼顾设备配备、网络稳定性保障等问题；政策引导也应该从法律法规制定到税收优惠政策落地予以综合考量。在跨学科合作式课题探讨中结合心理学、社会学等领域理论方法时，需要深入挖掘个体心理状态变化机制、团队协作模式演变规律以及组织运营管理调整路径，并将信息技术专家纳入评估各种远程工具带来影响这一环节中。这样扩充后的内容将更有利于全面认知并解决当前远程办公所涉及的复杂问题。

第三，在研究方法上，除了采用定量调查、定性访谈和案例分析等传统数据收集方式外，还可以考虑引入新的技术手段和工具。例如，在数据分析中可以探索人工智能算法的应用，利用其强大的计算能力和模式识别能力来深入挖掘远程办公模式下各种因素之间复杂且微妙的关系。此外，虚拟现实技术也可被运用于远程办公环境模拟实验，即通过构建虚拟场景来观察员工在不同工作条件下的表现与行为。这些丰富多样的方法将有助于深入理解远程办公模式下各种因素之间复杂且微妙的关系。除了扩大样本规模并引入更多变量进行深入分析外，在模型构建过程中还可以考虑加入时间序列分析、空间统计分析等，以增强对远程办公影响因素变化趋势和地域差异性的把握，并为进一步理解远程办公提供更全面的信息支持。在进一步拓展调查范围与对象类型时，结合跨学科知识和跨行业经验进行综合研究是非常重要的。通过国际比较与交流来丰富数据来源并提高结果可信度也是一个值得尝试的方向。在控制实验和自然实验方面，则需要设计长期持续观察项目或者利用先进技术手段进行个体行为轨迹记录，并结合心理学、社会学等学科视角开展深度挖掘；同时也需要重点追踪远程办公对个人职业生涯和组织发展带来的长期影响，并逐步建立起完整系统的评估指标体系。

第四，在研究视角上，可进一步探讨主动远程办公和被动远程办公的差异，并拓展其他研究视角如心理健康、家庭生活平衡等。在主动远程办公视角下，员工可能因为个人偏好、家庭责任、通勤时间等因素选择远程办公。在这种模式下，员工通常对远程办公有较高的接受度和积极性。而被动远程办公通常是由于外部因素，如突发事件（如疫情）、自然灾害或公司政策变化等，迫使员工不得不在家工作。在这种情况下，员工可能对远程办公感到不适应或有抵触情绪。以心理健康为例，可以探讨主动远程办公和被动远程办公对员工心理健康的影响。在主动远程办公中，员工可能会感到更多的自主权和控制感，从而减少其工作压力和焦虑情绪；而在被动远程办公中，员工可能需要应对来自组织安排或外部环境的不确定性带来的压力，这可能会对其心理健康产生负面影响。此外，可从员工社交关系、职业发展路径、组织文化等多个角度深入研究主动远程办公和被动远程办公的差异。具体来说，在员工社交关系方面，可以探讨不同远程办公模式对团队凝聚力、协作效率以及员工之间的互动方式产生的影响；而在职业发展路径上，则可分析两种远程办公模式给晋升机会、学习成长空间等方面带来的差异性。此外，也可关注组织文化在不同远程办公模式下的塑造与传播方式，以及领导者如何有效地管理和激励团队成员。通过全面系统地研究这些议题，能够为未来企业管理实践提供更加科学合理的决策依据，并为促进员工福祉与组织发展作出积极贡献。

参考文献

[1] 曹秋婷. 全员远程办公环境下的人际互动研究 [D]. 济南：山东大学，2023.

[2] 陈楚夫，何仕谦，苏晓艳. 近 10 年国外远程办公研究进展与本土化启示：基于 CiteSpace 的可视化分析 [J]. 科技和产业，2023，23（13）：183-190.

[3] 陈红斌，凌文辁. 远程工作：信息时代的工作组织形式 [J]. 改革与战略，2004（3）：76-78.

[4] 陈慧，杨宁. 悖论式领导与员工越轨创新关系研究：心理安全感与领导能力可信性的作用 [J]. 东北大学学报（社会科学版），2021，23（5）：23-30.

[5] 陈可. 远程办公背景下对劳动者和企业商业秘密保护的法律规制研究 [J]. 华章，2024（2）：132-134.

[6] 陈磊，孙天骄. 新型劳动关系呼唤劳动法典 [J]. 法治与社会，2021（7）：54-56.

[7] 陈梦洁. 新型疫情背景下远程办公的适宜性研究 [D]. 大连：大连海事大学，2023.

[8] 程丽君. 远程办公情境下时间领导对公共部门职工的变革型组织公民行为和工作倦怠的影响 [D]. 上海：华东师范大学，2023.

[9] 崔健，姜佐. 日本和美国远程办公发展比较研究 [J]. 现代日本经济，2021（3）：82-93.

[10] 邓越洋. 远程办公背景下软件开发工程师工作超载影响因素研究

［D］.北京：北京邮电大学，2023.

　　［11］董思萱，徐一方.“互联网＋”时代下高校毕业生就业机遇与挑战［J］.中阿科技论坛（中英文），2024（4）：123-127.

　　［12］杜娟.管理者胜任力与工作绩效的关系研究：制造业与服务业的比较分析［J］.南京社会科学，2009（9）：46-52.

　　［13］杜盛楠，张永军.远程办公：影响、挑战与策略［J］.现代企业，2017（6）：14-15.

　　［14］段文婷，江光荣.计划行为理论述评［J］.心理科学进展，2008（2）：315-320.

　　［15］冯一丹，李爱梅，颜亮，等.工作时间压力对主观幸福感的倒U型影响：基本心理需求满足的中介作用［J］.中国人力资源开发，2017（8）：25-35.

　　［16］高中华，苑康康.角色宽度自我效能感回顾与展望［J］.管理现代化，2019，39（5）：105-109.

　　［17］葛淳棉，林冰儿，姜军辉，等.远程办公模式的机遇与挑战［J］.清华管理评论，2022（Z2）：113-121.

　　［18］韩翼，廖建桥，龙立荣.雇员工作绩效结构模型构建与实证研究［J］.管理科学学报，2007（5）：62-77.

　　［19］韩翼，廖建桥.绩效分离性对任务绩效和关系绩效影响研究［J］.工业工程，2006（4）：49-53.

　　［20］胡斌，吕秉梅.线上员工越轨创新管理：兼论管理与创新的悖论［J］.领导科学，2020（24）：65-67.

　　［21］胡文安，罗瑾琏.双元领导如何激发新员工创新行为：一项中国情境下基于认知—情感复合视角的模型构建［J］.科学学与科学技术管理，2020，41（3）：1-19.

　　［22］黄晋.远程办公：几多欢喜几多愁［J］.人力资源，2022（19）：60-62.

　　［23］黄晋.远程办公知识型员工的职业健康保障研究［D］.上海：

华东政法大学，2023.

[24] 黄玮，项国鹏，杜运周. 越轨创新与个体创新绩效的关系研究：地位和创造力的联合调节作用 [J]. 南开管理评论，2017，20（1）：143-154.

[25] 黄晓丽. 远程工作形态下劳动者权益法律保护研究 [D]. 武汉：华中师范大学，2023.

[26] 黄馨萍. 疫情防控常态化背景下员工远程线上办公意愿的影响因素研究 [J]. 科技与创新，2022（1）：148-151.

[27] 姜淑润. 远程办公对传统企业文化建设的思考 [J]. 中外企业文化，2022（9）：10-11.

[28] 蒋一帆. 远程办公劳动者工作时间权益保障研究 [D]. 成都：西南财经大学，2023.

[29] 李红. 远程办公的影响与应对策略研究 [J]. 长江大学学报（社会科学版），2021（12）：51-53.

[30] 李磊. 数字化转型：远程办公文化建设的关键 [J]. 中外企业文化，2022（9）：8-9.

[31] 李锡元，李泓锦. 90后员工管理体系的构建：基于组织社会化策略视角 [J]. 中国人力资源开发，2012（12）：23-27.

[32] 李树丞，乐国玲. 企业知识型员工绩效特征及其影响因素分析 [J]. 湘潭大学学报（哲学社会科学版），2004（4）：146-148.

[33] 李容树. 组织公正感与工作绩效关系研究综述：兼及中介变量心理资本的提出 [J]. 沈阳师范大学学报（社会科学版），2018，42（5）：66-71.

[34] 李亚慧，郑文丽，常苗苗，等. 远程办公与自我认知对员工工作家庭关系的影响研究 [J]. 内蒙古财经大学学报，2022，20（1）：75-80.

[35] 李燕萍，侯烜方. 新生代员工工作价值观结构及其对工作行为的影响机理 [J]. 经济管理，2012（5）：77-86.

[36] 李燕萍，熊向清. 保险企业核心员工忠诚度的影响因素及与绩效的关系研究：基于抽样调查的实证分析 [J]. 保险研究，2017，353（9）：

86-100.

[37] 李一茗, 邹泓, 黎坚, 等. 被高估的情绪智力: 基于构念和功能的分析 [J]. 北京师范大学学报 (社会科学版), 2016 (4): 31-42.

[38] 李正东, 张蓓. 混合办公时代下远程办公何以影响员工离职意愿? [J]. 中国劳动, 2022 (5): 36-51.

[39] 林偕. 硅谷科技巨头如何应对"疫情大考"? [J]. 大数据时代, 2020, 11 (4): 20-25.

[40] 刘冰, 李钰菡, 齐蕾. 员工变革态度的研究述评与展望 [J]. 中国人力资源开发, 2020 (8): 66-83.

[41] 刘林平. 远程办公的管理与挑战 [J]. 人民论坛, 2020 (11): 68-70.

[42] 刘萌雪. 社交媒体使用过程中人际关系的演变 [J]. 青年记者, 2020 (17): 24-25.

[43] 刘永强, 赵曙明. 影响工作-家庭冲突的因素及其平衡策略 [J]. 中国人力资源开发, 2016 (9): 11-16.

[44] 刘智强, 严荣笑, 唐双双. 领导创新期望与员工突破性创新投入: 基于悖论理论的研究 [J]. 管理世界, 2021, 37 (10): 226-241.

[45] 龙昱帆, 王震. 划界还是融合: 工作-家庭边界管理的研究回顾与展望 [J]. 中国人力资源开发, 2018, 35 (4): 78-97.

[46] 马红宇, 谢菊兰, 唐汉瑛, 等. 工作性通信工具使用与双职工夫妻的幸福感: 基于溢出—交叉效应的分析 [J]. 心理学报, 2016, 48 (1): 48-58.

[47] 马心成, 汪留成, 李童琳. 远程办公赋能社区, 唤醒"睡城": 缘起上海泗泾新凯社区中心 [J]. 住宅科技, 2023, 43 (12): 34-39.

[48] 毛凯贤, 李超平. 互动视角下道德领导与主动性人格影响新员工敬业度的作用机制 [J]. 科学学与科学技术管理, 2018 (12): 156-170.

[49] 齐昕, 刘洪, 林彦梅. 员工远程工作意愿形成机制及其干预研究 [J]. 华东经济管理, 2016, 30 (10): 131-137.

［50］申悦, 柴彦威, 王冬根. ICT 对居民时空行为影响研究进展［J］. 地理科学进展, 2011 (6): 643-651.

［51］孙建群, 田晓明, 李锐. 情绪智力的负面效应及机制［J］. 心理科学进展, 2019 (8): 1451-1459.

［52］孙健敏, 崔兆宁, 宋萌. 弹性工作制的研究述评与展望［J］. 中国人力资源开发, 2020, 37 (9): 69-86.

［53］孙琪. 远程办公新趋势下的管理新思路［J］. 人力资源, 2024 (1): 64-65.

［54］汤丹丹, 温忠麟. 共同方法偏差检验: 问题与建议［J］. 心理科学, 2020, 43 (1): 215-223.

［55］涂婷婷, 赵琛徽. 远程办公对员工越轨创新行为的影响研究: 角色宽度自我效能和工作重塑的链式中介模型［J］. 财经论丛, 2023 (6): 93-102.

［56］王永丽, 张思琪. 工作-家庭边界渗透对工作家庭平衡的作用效果研究［J］. 中国人力资源开发, 2016 (21): 16-18.

［57］王聪颖, 赵曙明, 秦伟平. 基于跨层次被调节中介模型的新生代员工期望差距与离职意向研究［J］. 管理学报, 2021 (5): 633-642.

［58］王辉, 肖宇婷. 远程工作对员工创新行为的"双刃剑"效应［J］. 软科学, 2022, 36 (6): 98-105.

［59］王若琪, 张爽. 互联网背景下远程办公管理的挑战和机遇研究［J］. 经营与管理, 2018 (1): 87-92.

［60］王霄, 李芸. 员工变革情绪反应的内涵、前因与后果［J］. 中国人力资源开发, 2018 (10): 51-64.

［61］王笑天, 刘培, 李爱梅. 自由还是束缚: 异质性视角下工作性通讯工具使用对幸福感的影响［J］. 中国人力资源开发, 2019 (8): 47-59.

［62］王雁飞, 朱瑜. 组织社会化与员工行为绩效: 基于个人-组织匹配视角的纵向实证研究［J］. 管理世界, 2012 (5): 109-124.

［63］王月芬. 线上线下融合教学: 内涵、实施与建议［J］. 教育发展

研究，2021（6）：19-25.

[64] 温志毅.工作绩效的四因素结构模型［J］.首都师范大学学报（社会科学版），2005（5）：105-111.

[65] 吴君彦.远程工作中"工作时间"的认定［D］.苏州：苏州大学，2023.

[66] 吴小飞.A公司远程办公团队管理策略优化研究［D］.成都：电子科技大学，2023.

[67] 吴玉明，潘诚，周银珍.谦卑型领导与越轨创新行为：上下级关系与心理特权的链式中介模型［J］.软科学，2020，34（4）：140-144.

[68] 武文，张明玉，邬文兵，等.同事信息分享对新员工社会化结果的影响机理探究［J］.中国软科学，2020（8）：110-121.

[69] 肖志明."将在外，君命有所不受"：远程岗位真的有利于员工越轨创新行为吗?［J］.外国经济与管理，2020，42（4）：36-47.

[70] 谢增毅.远程工作的立法理念与制度建构［J］.中国法学，2021（1）：248-268.

[71] 许科，王明辉，刘永芳.员工组织社会化程度对其行为绩效的影响［J］.心理科学，2008（3）：584-587.

[72] 许小颖.浅析远程办公及其管理［J］.就业与保障，2012（8）：33-34.

[73] 杨杰，方俐洛，凌文铨.绩效评价的若干问题［J］.应用心理学，2000（2）：53-58.

[74] 杨剑钊，李晓娣.前摄型人格对越轨创新绩效作用路径研究：创新催化的中介作用及变革型领导行为的调节作用［J］.预测，2019，38（4）：17-23.

[75] 杨涛，马君，张昊民.新生代员工的工作动力机制及组织激励错位对创造力的抑制［J］.经济管理，2015（5）：74-84.

[76] 殷乐.媒体与新生代的关系建构与引导［J］.青年记者，2016（13）：22-24.

［77］余琼，袁登华．员工及其管理者的情绪智力对员工工作绩效的影响［J］．心理学报，2008（1）：74-83.

［78］余璇，袁月，张印轩，等．科技企业组织社会化策略对新生代员工组织承诺的影响：一个有调节的中介模型［J］．科技进步与对策，2021（6）：147-154.

［79］张春雨，韦嘉，陈谢平，等．工作设计的新视角：员工的工作重塑［J］．心理科学进展，2012，20（8）：1305-1313.

［80］张辉华，黄婷婷．情绪智力对绩效的作用机制：以团队信任感知和朋友网络中心为连续中介［J］．南开管理评论，2015（3）：141-150.

［81］张脉琪．基于云平台的企业远程办公文件分布式存储方法［J］．自动化技术与应用，2024，43（3）：112-115.

［82］张明玉，刘攀，武文，等．同事嘲讽式幽默对新员工组织社会化结果的影响研究［J］．管理评论，2020（9）：182-192.

［83］张书笛．远程办公对工作—家庭平衡的影响研究［D］．哈尔滨：哈尔滨工业大学，2022.

［84］张小平．远程工作的组织与管理［J］．外国经济与管理，1999（1）：23-26.

［85］张燕红，李永周，周勇．关系资源视角的新员工组织社会化过程机制［J］．心理科学进展，2018（4）：584-598.

［86］张印轩，崔琦，何燕珍，等．新生代员工易变性职业生涯态度对创造力的影响：一个被调节的中介模型［J］．科技进步与对策，2020（16）：128-134.

［87］张颖慧．远程工作形态下新型劳动关系的法律保护［J］．法商研究，2017，34（6）：79-87.

［88］张永卉．远程办公对女性员工的双刃剑效应［J］．人力资源，2023（13）：88-89.

［89］赵国祥，王明辉，凌文轻．企业员工组织社会化内容的结构维度［J］．心理学报，2007（6）：1102-1110.

[90] 赵文文，李朋波，范雪青. 组织政治知觉如何影响员工的变革开放性：基于工作不安全感和组织情感承诺的双中介模型 [J]. 中国人力资源开发，2016（19）：38-45.

[91] 钟新龙，王菲，黄文鸿. 远程办公渐成一种重要工作模式 [J]. 网络安全和信息化，2000（4）：28-29.

[92] 周鹏，黄鑫酮，王丽娜. 远程网络办公给企业管理者带来的挑战和对策 [J]. 商业观察，2023，9（5）：113-115，120.

[93] 周燕，钱慧池. 工作嵌入对知识型员工越轨创新行为的影响：建设性责任知觉与角色宽度自我效能的链式中介作用 [J]. 科技进步与对策，2021，38（16）：142-150.

[94] AFSAR B, MASOOD M, UMRANI W A. The role of job crafting and knowledge sharing on the effect of transformational leadership on innovative work behavior [J]. Personnel Review, 2019, 48 (5): 1186-1208.

[95] AIKENLS, WESTSG, RENORR. Multiplere – gression: testing and interpreting interactions [M]. Thousand Oaks: Sage Pulications, 1991.

[96] AJZEN I. The theory of planned behavior: frequently asked questions [J]. Human Behavior and Emerging Technologies, 2020, 2 (4): 314-324.

[97] ALLEN T D, EBY L T, CHAO G T, et al. Taking stock of two relational aspects of organizational life: tracing the history and shaping the future of socialization and mentoring research [J]. Journal of Applied Psychology, 2017, 102 (3): 324-337.

[98] AUGSDORFER P A. Diagnostic personality test to identify likely corporate bootleg researchers [J]. International Journal of Innovation Management, 2012, 16 (1): 125-133.

[99] AUGSDORFER P. Forbiddenfruit: an analysis of bootlegging, uncertainty and learning in corporate R&D [M]. Aldershot: Avebury, 1996.

[100] BAILEY D E, KURLAND N B A. Review of telework research: findings, new directions and lessons for the study of modern Work [J]. Journal

of Organizational Behavior, 2002, 23 (4): 383-400.

[101] BAILEY C, MADDEN A, ALFES K, et al. The meaning, anteced-ents and outcomes of employee engagement: a narrative synthesis [J]. Interna-tional Journal of Management Reviews, 2017, 19 (1): 31-53.

[102] BAKKER A B, DEMEROUTI E. The job demands-resources mod-el: state of the art [J]. Journal of Managerial Psychology, 2007, 22 (3): 309-328.

[103] BARON R M, KENNY D A. The moderator-mediator variable dis-tinction in social psychological research: conceptual, strategic, and statistical considerations [J]. Journal of Personality and Social Psychology, 1986, 51 (6): 1173-1182.

[104] BARUCH Y. Teleworking: benefits and pitfalls as perceived by pro-fessionals and managers [J]. New Technology, Work and Employment, 2000, 15 (1): 34-49.

[105] BAUER T N, BODNER T, ERDOGAN B, et al. Newcomer adjust-ment during organizational socialization: a meta-analytic review of antecedents, outcomes, and methods [J]. Journal of Applied Psychology, 2007, 92 (3): 702-721.

[106] BAUMEISTER R F, BRATSLAVSKY E, MURAVEN M, et al. Ego depletion: is the active self a limitedresource? [J]. Journal of Personality and Social Psychology, 1998, 74 (5): 1252-1265.

[107] BECHTOLDT M N, SCHNEIDER V K. Predicting stress from the a-bility to eavesdrop on feelings: emotional intelligence and testosterone jointly pre-dictcortisol reactivity [J]. Emotion, 2016, 16 (6): 815-825.

[108] BEN-AKIVA M M D, TRAIN K, et al. Hybrid choice models: progress and challenges [J]. Marketing Letters, 2002, 13 (3): 163-175.

[109] BIERLAIRE M. Operations research and decision aid methodologies in traffic and transportation management [J]. Discrete Choice Models, 1998,

14（3）：203-227.

[110] BLOOM N, LIANG J, ROBERTS J, et al. Does working from home work? evidence from a chinese experiment [J]. The Quarterly Journal of Economics, 2015, 130 (1)：165-218.

[111] BORCHERS A, PIELER T. Programming pluripotent precursor cells derived from Xenopus embryos to generate specific tissues and organs [J]. Genes (Basel), 2010, 1 (3)：413-426.

[112] BORSBOOM D. Measurement interdisciplinary research and perspectives [J]. Latent Variable Theory, 2008 (6)：25-53.

[113] BERNADIN H J, BEATTY R W. Performance appraisal：assessing human behavior at work [M]. Boston：Kent Publishers, 1984.

[114] CHEN G, FARH J L, CAMPBELL-BUSH E M, et al. Teams asinnovative systems：multilevel motivational antecedents of innovation in R&D teams [J]. The Journal of Applied Psychology, 2013, 98 (6)：1018-1027.

[115] CLARK S C. Work-family border theory：a new theory of work/family balance [J]. Human Relations, 2000, 6 (53)：747-770.

[116] COENEN M, KOK R A. Workplace flexibility and new product development performance：the role of telework and flexible work schedules [J]. European Management Journal, 2014, 32 (4)：564-576.

[117] COETZEE M, CHETTY P J J. Job stress and attitudes toward change：the mediating effect of psychological attachment [J]. Journal of Psychology in Africa, 2015, 25 (6)：528-536.

[118] COOPER T H, ANDERSON N. Newcomer adjustment：the relationship between organizational socialization tactics, information acquisition and attitudes [J]. Jouranl of Occupational and Organizational Psychology, 2002, 75 (4)：423-237.

[119] CRISCUOLO P, SALTER A, WAL A L J T. Going underground：bootlegging and individual innovative performance [J]. Organization Science,

2014, 25（5）：1287-1305.

［120］DAFT R L, LENGEL R H. Organizational information requirements, media richness and structural design ［J］. Management Science, 1986, 32（5）：554-571.

［121］DEBUS M E, GROSS C, KLEINMANN M. Thepower of doing: how job crafting transmits the beneficial impact of autonomy among overqualified employees ［J］. Journal of Business and Psychology, 2020, 35（20）：317-331.

［122］DELANOEIJE J, VERBRUGGEN M, GERMEYS L. Boundary role transitions: a day-to-day approach to explain the effects of home-based teleworking on work-to-home conflict and home-to-work conflict ［J］. Human Relations, 2019, 72（12）：1843-1868.

［123］DEMEROUTI E, BAKKER A B, NACHREINER F, et al. The job demands-resources model of burnout ［J］. Journal of Applied Psychology, 2001, 86（3）：499-512.

［124］DERKS D, BAKKER A B. Smartphone use, work-home interference, and burnout: a diary study on the role of recovery ［J］. Applied Psychology, 2014, 63（3）：411-440.

［125］DERKS D, DUIN D, TIMS M, et al. Smartphone use and work-home interference: the moderating role of social norms and employee work engagement ［J］. Journal of Occupational and Organizational Psychology, 2015, 88（1）：155-177.

［126］DIAZ, CHIABURU D S, ZIMMERMAN R D, et al. Communication technology: pros and cons of constant connection to work ［J］. Journal of Vocational Behavior, 2012, 80（2）：500-508.

［127］DOCKERY A M, BAWA S. When two worlds collude: working from home and family functioning in Australia ［J］. International Labour Review, 2018, 157（4）：609-630.

［128］DUXBURY L, NEUFELD D. An empirical evaluation of the impacts of telecommuting on intra organizational communication [J]. Journal of Engineering and Technology Management, 1999, 16 (1): 1-28.

[129] EISNER S P. Managing generation "Y" [J]. SAM Advanced Management Journal, 2005, 70 (4): 4-15.

[130] FENNER G H, RENN R W. Technology assisted supplemental work and work-to-family conflict: the role of instrumentality beliefs, organizational expectations and time management [J]. Human Relations, 2010, 63 (1): 63-82.

[131] FISHBEIN M, AJZEN I. Belief, attitude, intention, and behavior: an introduction to theory and research [J]. Philosophy & Rhetoric, 1977, 14 (5): 130-132.

[132] GAJENDRAN R S, HARRISON D A. The good, the bad, and the unknown about teleworking: meta-analysis of psychological mediators and individual consequences [J]. Journal of Applied Psychology, 2007, 92 (6): 1524.

[133] GAJENDRAN R S, HARRISON D A, DELANEY-KLINGER R K. Are telecommuters remotely good citizens? unpacking telecommuting's effects on performance via ideals and job resources [J]. Personnel Psychology, 2015, 68 (2): 353-393.

[134] GLOBOCNIK D. Taking oravoiding risk through secret innovation activities-the relationships among employees, risk propensity, bootlegging, and management support [J]. International Journal of Innovation Management, 2019, 23 (3): 41.

[135] GLOBOCNIK D, SALOMO S. Doformal management practices impact the emergence of bootleg behavior? [J]. Journal of Product Innovation Management, 2015, 32 (4): 505-521.

[136] GOLDEN T D, VEIGA J F, DINO R N. The impact of professional isolation on teleworkinger job performance and turnover intentions: does time

spent teleworking, interacting face-to-face, or having access to communication-enhancing technology matter? [J]. Journal of Applied Psychology, 2008, 93 (6): 1412.

[137] GOLDEN T D, GAJENDRAN R S. Unpacking the role of a telecommuter's job in their performance: examining job complexity, problem solving, interdependence, and social support [J]. Journal of Business and Psychology, 2019, 34 (1): 55-69.

[138] GOLDEN T D. Avoiding depletion in virtual work: teleworking and the intervening impact of work exhaustion on commitment and turnover ntentions [J]. Journal of Vocational Behavior, 2006, 69 (1): 176-187.

[139] GOLDEN T. Co-workers who teleworking and the impact on those in the office: understanding the implications of virtual work for co-worker satisfaction and turnover intentions [J]. Human Relations, 2007, 60 (11): 1641-1667.

[140] GOLDEN T D, VEIGA J F. Theimpact of extent of telecommuting on job satisfaction: resolving inconsistent findings [J]. Journal of Management, 2005, 31 (2): 301-318.

[141] GONCALO J A, CHATMAN J A, DUGUID M M, et al. Creativity fromconstraint? how the political correctness norm influences creativity in mixed-sex work groups [J]. Administrative Science Quarterly, 2015, 60 (1): 1-30.

[142] GONZALEZ-MULÉ E, COCKBURN S B, MCCORMICK W B, et al. Team tenure and team performance: a meta - analysis and process model [J]. Personnel Psychology, 2020, 73 (1): 151-198.

[143] GRINCEVICIENE N. The effect of the intensity of telework use on employees' work-life balance [J]. Buhalterinės Apskaitos Teorijair Praktika, 2020 (21): 1.

[144] HAKANEN J J, PERHONIEMI R, TOPPINEN-TAMNNER S. Positivegain spirals at work: from job resources to work engagement, personal initiative and work-unit innovativeness [J]. Journal of Vocational Behavior, 2008,

73（1）：78-91.

[145] HAYES A F, SCHARKOW M. The relative trust-worthiness of inferential tests of the indirect effect in statistical mediation analysis: does method really matter? [J]. Psychological Science, 2013, 24（10）：1918-1927.

[146] HOBFOLL S E, HALBESLEBEN J, NEVEU J P, et al. Conservation of resources in the organizational context: the reality of resources and their consequences [J]. Annual Review of Organizational Psychology and Organizational Behavior, 2018（5）：103-128.

[147] HORNUNG S, ROUSSEAU D M. Active on the job proactive in change: how autonomy at work contributes to employee support for organizational change[J]. The Journal of Applied Behavioral Sceience, 2007, 43(4): 401-426.

[148] HWANG P C, HAN M C, CHIU S F. Role breadth self-efficacy and foci of proactive behavior: moderating role of collective, relational, and individual self-concept [J]. The Journal of Psychology, 2015, 149（8）：846-865.

[149] IGBARIA M, GUIMARAES T. Exploring differences in employee turnover intentions and its determinants among telecommuters and non-telecommuters[J]. Journal of Management Information Systems, 1999, 16(1): 147-164.

[150] ISMAIL F D, HAMSA A K, MOHAMED M Z. Factors influencing the stated preference of university employees towards telecommuting in international Islamic university Malaysia [J]. Transportation Research Procedia, 2016（17）：478-487.

[151] JONI DELANOEIJE, MARIJKE VERBRUGGEN. Between-person and within-person effects of telework: a quasi-field experiment [J]. European Journal of Work and Organizational Psychology, 2020, 29（6）：795-808.

[152] JÖRESKOG K G, GOLDBERGER A S. Estimation of a model with multiple indicators and multiple causes of a single latent variable [J]. Journal of the American Statistical Association, 1975, 70（351a）：631-639.

[153] JOSEPH D L, NEWMAN D A. Emotional intelligence: an integra-

tive meta-analysis and cascading model [J]. Jouranl of Applied Psychology, 2010 (95): 54-78.

[154] KAMMEYER-MUELLER J, WANBERG C, RUBENSTEIN A, et al. Support, undermining, and newcomer socialization: fitting in during the first 90 days [J]. Academy of Management Journal, 2013, 56 (4): 1104-1124.

[155] KAPLAN S, ENGELSTED L, LEI X, et al. Unpackaging manager mistrust in allowing telework: comparing and integrating theoretical perspectives [J]. Journal of Business and Psychology, 2018, 33 (3): 365-382.

[156] KAZEKAMI S. Mechanisms to improve labor productivity by performing telework [J]. Telecommunications Policy, 2020, 44 (2): 101868.

[157] KEHRLI S, SOPP T. Managing generation Y: stop resisting and start embracing the challenges generation Y brings to the workplace [J]. HR Magazine, 2006, 51 (5): 113-119.

[158] KENYON S, LYONS G, RAFFERTY J. Transport and social exclusion: investigating the possibility of promoting inclusion through virtual mobility [J]. Journal of Transport Geography, 2002, 10 (3): 207-219.

[159] KERR R, GARVIN J, HEATON N, et al. Emotional intelligence and leadership effectiveness [J]. Leadership & Organization Development Journal, 2006 (27): 265-279.

[160] KHAIRUDIN N N Q M, AZIZ N. The correlation between telecommuting and work life balance in oil and gas industry [J]. Journal of Physics: Conference Series, 2020, 1529 (2): 022057 (9pp).

[161] KILDUFF M, CHIABURU D S, MENGES J I. Strategic use of emotional intelligence in organizational settings: exploring the dark side [J]. Research in Organizational Behavior, 2010 (30): 129-152.

[162] KIM H, IM J, QU H. Exploring antecedents and consequences of job crafting [J]. International Journal of Hospitality Management, 2018, 75 (2): 18-26.

[163] KIM T, MULLINS L B, YOOM T. Supervision of telework: a key to organizational performance [J]. The American Review of Public Administration, 2021, 51 (4): 263-77.

[164] KIRMEYER S L, SHIROM A. Perceived job autonomy in the manufacturing sector: effects of unions, gender and substantive complexity [J]. The Academy of Management Journal, 1986, 29 (4): 832-840.

[165] KUNIHIKO HIGA. Organizational innovation by efficient resource allocation: a proposal of telework-based organization [J]. Proceedings of Japan Telework Society Conference, 2018 (12): 7-11.

[166] KAMDAR D, VAN DYNE L. The joint effects of personality and workplace social exchange relationships in predicting task performance and citizenship performance[J]. Journal of Applied Psychology, 2007, 92 (5): 1286-1298.

[167] LANAJ K, JOHNSON R E, BARNES C M. Beginning the workday yet already depleted? consequences of late-night smartphone use and sleep [J]. Organizational Behavior and Human Decision Processes, 2014, 124 (1): 11-23.

[168] LARRY J W, STELLA E A. Job satisfaction and organizational commitment as predictors of organizational citizenship behavior and in-role behavior [J]. Journal of Management, 1991, 17 (3): 601-617.

[169] LEANA C, APPELBAUM E, SHEVCHUK I. Workprocess and quality of care in early childhood education: the role of job crafting [J]. The Academy of Management Journal, 2009, 52 (6): 1169-1192.

[170] LEUNG L. Effects of ICT connectedness, permeability, flexibility, and negative spillovers on burnout and job and family satisfaction [J]. Human Technology: An Interdisciplinary Journal on Humans in ICT Environments, 2011, 7 (3): 250-267.

[171] LEWIN K, Field theory in social science [M]. New York: McGraw-Hill, 1951.

[172] LIANG M, XIN Z, YAN D X, et al. How to improve employee sat-

isfaction and efficiency through different enterprise social media use [J]. Journal of Enterprise Information Management Advance Online Publication, 2020 (10): 922-947.

[173] LIM H-R, AN S. Intention to purchase wellbeing food among Korean consumers: an application of the theory of planned behavior [J]. Food Quality and Preference, 2021 (88): 104101.

[174] LIU XIAOQIN, BARANCHENKO Y, AN FANSUO, et al. The impact of ethical leadership on employee creative deviance: the mediating role of job autonomy [J]. Leadership & Organization Development Journal, 2020, 42 (2): 219-232.

[175] LIU Y, SHI H, LI Y, et al. Factors influencingchinese residents´ post-pandemic outbound travel intentions: an extended theory of planned behavior model based on the perception of COVID-19 [J]. Tourism Review, 2021, 76 (4): 871-891.

[176] MAINEMELIS C. Stealing fire: creative deviance in the evolution of new ideas [J]. The Academy of Management Review, 2010, 35 (4): 558-578.

[177] MCCALISTER D V, KATZ D, KAHN R L. The social psychology of organization [J]. Industrialand Labor Relations Review, 1967, 46 (1): 118.

[178] MURPHY K R. Is the relationship between cognitive ability and job performance stableover time? [J]. Human Performance, 1989, 2 (3): 183-200.

[179] MANN S, HOLDSWORTH L. The psychological impact of teleworking: stress, emotions and health [J]. New Technology, Work and Employment, 2003, 18 (3): 196-211.

[180] MARKS M A, MATHIEU J E, ZACCARO S J. A temporally based framework and taxonomy of team processes [J]. Academy of Management Review, 2001, 26 (3): 356-376.

[181] MARTIN B H, MACDONNELL R. Is telework effective for organizations? a meta-analysis of empirical research on perceptions of telework and or-

ganizational outcomes [J]. Management Research Review, 2012, 35 (7): 602-616.

[182] MASOUDNIA Y, SZWEJCZEWSKI M. Bootlegging in the R&D departments of high-technology firms [J]. Research-Technology Management, 2012, 55 (5): 35-42.

[183] MAZMANIAN M, ORLIKOWSKI W J, YATES J. The autonomy paradox: the implications of mobile email devices for knowledge professionals [J]. Organization Science, 2013, 24 (5): 1337-1357.

[184] MOKHTARIAN P L, SALOMON I. Modeling the choice of teleworking: setting the context[J]. Environment and Planning A, 1994, 26(5): 749-766.

[185] NISADKA R S, TSUI A S, ASHFORTH B E. The way you make me feel and behave: supervisor-triggered newcomer affects and approach-avoidance behavior [J]. Academy of Management Journal, 2012, 55 (5): 1146-1168.

[186] NILLES J M. Telecommunications and organizational decentralization [J]. Transactions on Communications, 1975 (23): 1142-1147.

[187] NOSRATZADEH H, EDRISI A. An assessment of tendencies toward teleworking using TAMs: lessons from Covid-19 era for post-pandemic days [J]. International Journal of Workplace Health Management, 2022, 23 (5): 131-140.

[188] OHLY S, LATOUR A. Work-related smartphone use and well-being in the evening: the role of autonomous and controlled motivation [J]. Journal of Personnel Psychology, 2014, 13 (4): 174-183.

[189] PARK Y, FRITZ C, JEX S M. Relationships between work-home segmentation and psychological detachment from work: the role of communication technology use at home [J]. Journal of Occupational Health Psychology, 2011, 16 (4): 457-467.

[190] PARKER S K. Enhancingrole breadth self-efficacy: the roles of job enrichment and other arganizational interventions [J]. The Journal of Applied

Psychology, 1998, 83 (6): 835-852.

[191] PETROU P, DEMEROUTI E, PEETERS M, et al. Crafting a job daily: contextual correlates and the link to work engagement [J]. Journal of Organizational Behavior, 2012, 33 (8): 1120-1141.

[192] PREACHER K J, HAYES A F. Asymptotic andresampling strategies for assessing and comparing indirect effects in multiple mediator models [J]. Behavior Research Methods, 2008, 40 (3): 879-891.

[193] RAGHURAM S, GARUD R, WIESENFELD B, et al. Factors contributing to virtual work adjustment [J]. Journal of Management, 2001, 27 (3): 383-405.

[194] RAGHURAM S, FANG D. Telecommuting and the role of supervisory power in China [J]. Asia Pacific Journal of Management, 2014, 31 (2): 523-547.

[195] RAGSDALE J M, HOOVER C S. Cell phones during nonwork time: a source of job demands and resources [J]. Computers in Human Behavior, 2016 (57): 54-60.

[196] RHEE H J. Home-based teleworking and commuting behavior [J]. Journal of Urban Economics, 2008, 63 (1): 198-216.

[197] RICHARDSON K M, THOMPSON C A. High tech tethers and work-family conflict: a conservation of resources approach [J]. Engineering Management Research, 2012, 1 (1): 29-43.

[198] RONALD P, VEGA. A within-person examination of the effects of telework [J]. Journal of Business&Psychology, 2015 (30): 313-323.

[199] ROTUNDO M, SACKETT P R. The relative importance of task, citizenship, and counterproductive performance to global ratings of job performance: a policy-capturingapproach [J]. Journal of Applied Psychology, 2002, 87 (1): 66-80.

[200] RUDOLPH C W, KATZ I M, LAVIGNE K N, et al. Job crafting:

a meta-analysis of relationships with individual differences, job characteristics, and work outcomes[J]. Journal of Vocational Behavior, 2017(102): 112-138.

[201] SAKS A M, ASHFORTH B E. A longitudinal investigation of the relationship between job information sources, applicant perceptions of fit, and work outcomes [J]. Personnel Psychology, 2010, 50 (2): 395-426.

[202] SALOVEY P, MAYER J D. Emotional intelligence [J]. Imagination Cognition& Personality, 1990, 9 (6): 217-236.

[203] SCHAUFELI, WILMAR B. Applying the job demands - resources model: a how to guide to measuring and tackling work engagement and burnout [J]. Organizational Dynamices, 2017, 46 (2): 120-132.

[204] SHALLEY C E. Effects of productivity goals, creativity goals, and personal discretion on individual creativity [J]. Journal of Applied Psychology, 1991 (76): 179-185.

[205] SHAMIR B, SALOMON I. Work-at-home and the quality of working life [J]. Academy of Management Review, 1985, 10 (3): 446-455.

[206] SHI Y, ZHANG H, XIE J, et al. Work-related use of information and communication technologies after hours and focus on opportunities: the moderating role of work-family centrlity[J]. Current Psychology, 2021, 40 (2): 114.

[207] SHOCKLEY K M, ALLEN T D, DODD H, et al. Remote worker communication during COVID-19: the role of quantity, quality, and supervisor expectation-setting [J]. Journal of Applied Psychology, 2021, 106 (10): 1466.

[208] SMITH K G, SMITH K A, OLIAN J D, et al. Top management team demography and process: the role of social integration and communication [J]. Administrative Science Quarterly, 1994 (39): 412-438.

[209] STAVROU E, IERODIAKONOU C. Flexiblework arrangements and intentions of unemployed women in cyprus: a planned behaviour model [J]. British Journal of Management, 2011, 22 (1): 150-172.

[210] SUNDARAMURTHY C, KREINER G E. Governing by managing i-

dentity boundaries: the case of family businesses [J]. Entrepreneurship Theory and Practice, 2008, 32 (3): 415-436.

[211] TASKIN L, EDWARDS P. The possibilities and limits of teleworking in a bureaucratic environment: lessons from the public sector [J]. New Technology, Work and Employment, 2007, 22 (3): 195-207.

[212] TETT R P, FREUND K A, CHRISTIANSEN N D, et al. Faking on self-report emotional intelligence and personality tests: effects of faking opportunity, cognitive ability, and job type [J]. Personality and Individual Differences, 2012, 52 (2): 195-201.

[213] THOMPSON R J, PAYNE S C, TAYLOR A B. Applicant attraction to flexible work arrangements: separating the influence of flextime and flexplace [J]. Journal of Occupational and Organizational Psychology, 2015, 88 (4): 726-749.

[214] MEULEN N, BAALEN P, HECK E, et al. No teleworkinger is an island: the impact of temporal and spatial separation along with media use on knowledge sharing networks [J]. Journal of Information Technology, 2019, 34 (3): 243-262.

[215] ELST T, VERHOOGEN R, SERCU M, et al. Not extent of telecommuting, but job characteristics as proximal predictors of work-related well-being [J]. Journal of Occupational & Environmental Medicine, 2017, 59 (10): 180-186.

[216] VEGA R P, ANDERSON A J, KAPLAN S A. A within-person examination of the effects of telework [J]. Journal of Business and Psychology, 2015, 30 (2): 313-323.

[217] WANG Y, HAGGERTY N. Knowledge transfer in virtual settings: the role of individual virtual competency [J]. Information Systems Journal, 2009, 19 (6): 571-593.

[218] WHITTLE A, MUELLER F. I could be dead for two weeks and my boss would neverknow: teleworking and the politics of representation [J]. New

Technology, Work and Employment, 2009, 24 (2): 131-143.

[219] WIESENFELD B M, RAGHURAM S, GARUD R. Communication patterns as determinants of organizational identification in a virtual organization [J]. Organization Science, 1999, 10 (6): 777-790.

[220] WONG CHI SUM, K S LAW. The effects of leader and follower e-motional intelligence on performance and attitude: an exploratory study [J]. Leadership Quarterly, 2002, 13 (3): 243-274.

[221] WRZESNIEWSKI A, DUTTON J E. Crafting a job: revisioning em-ployees as active crafters of their work [J]. The Academy of Management Re-view, 2001, 26 (2): 179-201.

[222] WOODEUFFE C. What is meant by a competency? [J]. Leadership & Organization Development Journal, 1993, 14 (1): 29-36.

[223] YE F, LORD D. Comparing three commonly used crash severity models on sample size requirements: multinomial logit, ordered probit and mixed logit models [J]. Analytic Methods in Accident Research, 2014 (1): 72-85.

附　录

附录 A　新员工远程办公工作调研问卷

尊敬的先生/女士：

您好！此次调研旨在了解新员工基于远程办公的工作情况，以及您在远程办公模式下开展工作的一些感受与体验。本次调研问卷采用匿名形式，调研数据严格保密。调研结果仅用于组织行为领域学术研究。请您如实作答，感谢您的参与！

第一部分：个人基本信息

以下信息，请您根据问题选项以"√"方式填写。

1. 您的性别是：

（1）男　　（2）女

2. 您的婚姻状况是：

（1）已婚　　（2）未婚

3. 您的年龄是：

（1）25 岁及以下　　（2）26~30 岁　　（3）31~35 岁　　（4）36~40 岁

（5）41 岁及以上

4. 您的学历水平是：

（1）高中（职高）　　（2）大专（高职）　　　（3）大学本科

（4）硕士研究生　　　（5）博士研究生

5. 您的工作所属行业是：

（1）服务业　　（2）制造业　　（3）科研类　　（4）政府机关

（5）其他

6. 您的岗位类别是：

（1）管理人员　　（2）行政内勤人员　　（3）营销人员　　（4）技术人员

（5）其他

第二部分：主体题项测量

请您仔细阅读每一道题，并根据您个人实际感受、体会或经历等进行打分（"1~5分"代表从完全不符合到完全符合）		小于8小时	8（含）~16小时	16（含）~24小时	24（含）~32小时	大于32小时
序号	题项	小于8小时	8（含）~16小时	16（含）~24小时	24（含）~32小时	大于32小时
1	我每周远程办公的时间强度	1	2	3	4	5

请您仔细阅读每一道题，并根据您个人实际感受、体会或经历等进行打分（"1~5分"代表从完全不符合到完全符合）		完全不符合	不符合	一般	符合	完全符合
序号	题项	完全不符合	不符合	一般	符合	完全符合
1	我很了解远程办公模式	1	2	3	4	5
2	我所在的公司将远程办公作为另一种工作安排方式	1	2	3	4	5
3	我对远程办公很感兴趣	1	2	3	4	5
4	我认为远程办公是一种新的工作方式	1	2	3	4	5
5	当远程办公时，我的工作能够正常有序开展	1	2	3	4	5
6	我非常有意愿远程办公	1	2	3	4	5

请您仔细阅读每一道题，并根据您个人实际感受、体会或经历等进行打分（"1~5分"代表从完全不符合到完全符合）

序号	题项	完全不符合	不符合	一般	符合	完全符合
1	我可以正确地实现我的工作目标	1	2	3	4	5
2	我总是可以在要求的期限内完成工作任务	1	2	3	4	5
3	我的工作质量保持着较高的水平	1	2	3	4	5
4	我可以高效地利用工作时间，加班时间少	1	2	3	4	5
5	我很愿意留在现在的岗位上继续工作	1	2	3	4	5
6	我愿意尽自己最大的努力，尽可能地做好工作	1	2	3	4	5
7	我愿意且时常帮助我的同事完成他们的工作	1	2	3	4	5
8	我在完成本职工作的同时，还主动承担了本职工作之外的其他工作	1	2	3	4	5

请您仔细阅读每一道题，并根据您个人实际感受、体会或经历等进行打分（"1~5分"代表从完全不符合到完全符合）

序号	题项	完全不符合	不符合	一般	符合	完全符合
1	我知道如何有效率地完成自己的工作	1	2	3	4	5
2	我掌握完成工作所需要的技能	1	2	3	4	5
3	我了解有关自己工作的职责	1	2	3	4	5
4	我理解所在部门的工作职责	1	2	3	4	5
5	我与公司同事关系融洽	1	2	3	4	5
6	我在公司里比较受欢迎	1	2	3	4	5
7	我把同事当成自己的朋友	1	2	3	4	5
8	我能够得到公司同事的帮助	1	2	3	4	5
9	我了解公司中的某些潜规则	1	2	3	4	5

序号	题项	完全 不符合	不符合	一般	符合	完全 符合
10	我了解谁是公司最有影响力的人	1	2	3	4	5
11	我了解同事的行为动机	1	2	3	4	5
12	我了解公司各领导所代表的利益及微妙关系	1	2	3	4	5

请您仔细阅读每一道题，并根据您个人实际感受、体会或经历等进行打分（"1~5分"代表从完全不符合到完全符合）

序号	题项	完全 不符合	不符合	一般	符合	完全 符合
1	大多数时候我很清楚自己当时有某些感受的原因	1	2	3	4	5
2	我对自己的情绪很了解	1	2	3	4	5
3	我对自己的感受很清楚	1	2	3	4	5
4	我多数时候清楚自己开心或者不开心的原因	1	2	3	4	5
5	遇到困难时我能控制自己的脾气	1	2	3	4	5
6	对于我自己的情绪我可以很好地进行控制	1	2	3	4	5
7	我一般在生气时能非常快地冷静下来	1	2	3	4	5
8	我对本身的情绪控制能力很强	1	2	3	4	5
9	我善于树立要实现的目标并尽可能让这些目标达成	1	2	3	4	5
10	我常常暗示自己我是一个有本事的人	1	2	3	4	5
11	我是·个能鼓励自己的人	1	2	3	4	5
12	我经常鼓励自己要做到最棒	1	2	3	4	5
13	身边人的行为能让我很快猜到他们情绪	1	2	3	4	5

序号	题项	完全不符合	不符合	一般	符合	完全符合
14	我有很强的观察他人情绪的能力	1	2	3	4	5
15	我能敏锐地察觉他人的情绪和感受	1	2	3	4	5
16	我很了解身边人的情绪	1	2	3	4	5

问卷填写到此结束，请您再次检查是否存在遗漏。非常感谢您百忙之中抽出时间参与本次问卷调查！

祝您工作顺利，阖家幸福！

附录 B 员工远程办公工作情况调研问卷

尊敬的先生/女士：

您好！此次调研旨在了解员工基于远程办公的工作情况，以及您在远程办公模式下开展工作的一些感受与体验。本次调研问卷采用匿名形式，调研数据严格保密。调研结果仅用于组织行为领域学术研究。请您如实作答，感谢您的参与！

第一部分：个人基本信息

以下信息，请您根据问题选项以"√"方式填写。

1. 您的性别是：

（1）男　　（2）女

2. 您的年龄是：

（1）25 岁及以下　　（2）26~30 岁　　（3）31~35 岁　　（4）36~40 岁

（5）41 岁及以上

3. 您的学历水平是：

（1）高中（职高）　　（2）大专（高职）　　（3）大学本科

（4）硕士研究生　　（5）博士研究生

4. 您的工作年限是：

（1）3 年以下　　（2）3~5 年　　（3）6~8 年　　（4）9~10 年

（5）10 年以上

5. 您的岗位类别是：

（1）技术类人员　　（2）非技术类人员

第二部分：主体题项测量

请您仔细阅读每一道题，并根据您个人实际感受、体会或经历等进行打分（"1~5分"代表从完全不符合到完全符合）

序号	题项	小于8小时	8（含）~16小时	16（含）~24小时	24（含）~32小时	大于32小时
1	我每周远程办公的时间强度	1	2	3	4	5

请您仔细阅读每一道题，并根据您个人实际感受、体会或经历等进行打分（"1~5分"代表从完全不符合到完全符合）

序号	题项	完全不符合	不符合	一般	符合	完全符合
1	我能基于工作计划灵活地安排工作任务，从而挖掘新的、潜在的、有价值的商业机会	1	2	3	4	5
2	除了组织分配的任务外，我的工作计划让我没有更多的时间去做其他的工作	1	2	3	4	5
3	我喜欢在所从事的主要工作之外思考一些新的创意	1	2	3	4	5
4	我正在开展一些子项目，这使我能够接触一些新的领域	1	2	3	4	5
5	我主动花费时间去开展一些非官方的项目，以此丰富未来的官方项目	1	2	3	4	5

请您仔细阅读每一道题，并根据您个人实际感受、体会或经历等进行打分（"1~5分"代表从完全不符合到完全符合）

序号	题项	完全不符合	不符合	一般	符合	完全符合
1	我有信心在一群同事面前展示信息	1	2	3	4	5
2	我有信心帮助设置我所在工作领域的工作目标	1	2	3	4	5

序号	题项	完全不符合	不符合	一般	符合	完全符合
3	我有信心为我所工作的领域设计新的业务流程	1	2	3	4	5
4	我有信心与单位外的人（比如顾客）联系以探讨问题	1	2	3	4	5
5	我有信心通过分析一个长期的问题来找到解决办法	1	2	3	4	5
6	我有信心在有高级领导参加的会议中阐述我工作领域的信息	1	2	3	4	5
7	我有信心拜访其他部门的员工并建议他们换一种方式做事	1	2	3	4	5
8	我喜欢寻找复杂问题的解决方法	1	2	3	4	5
9	我喜欢为工作任务创造新的程序	1	2	3	4	5
10	我喜欢改进现有的流程和产品	1	2	3	4	5

请您仔细阅读每一道题，并根据您个人实际感受、体会或经历等进行打分（"1~5分"代表从完全不符合到完全符合）

序号	题项	完全不符合	不符合	一般	符合	完全符合
1	我会引进新的方法来改进我的工作	1	2	3	4	5
2	我会在工作中改进我认为没有效率的细小程序	1	2	3	4	5
3	我会改变工作方式，让自己更轻松	1	2	3	4	5
4	我会重新布置工作设备或家具	1	2	3	4	5

请您仔细阅读每一道题，并根据您个人实际感受、体会或经历等进行打分（"1~5分"代表从完全不符合到完全符合）

序号	题项	完全不符合	不符合	一般	符合	完全符合
1	我能自由决定自己的工作应该怎么干	1	2	3	4	5
2	对于工作上的事情，我有充分的发言权	1	2	3	4	5
3	我能自由决定什么时候休息	1	2	3	4	5
4	我能自由决定和谁一起完成工作	1	2	3	4	5
5	我能自由决定工作的进度	1	2	3	4	5
6	我对自己工作的结果负直接责任	1	2	3	4	5
7	在工作时间，我能自由决定干什么	1	2	3	4	5

　　问卷填写到此结束，请您再次检查是否存在遗漏。非常感谢您百忙之中抽出时间参与本次问卷调查！

　　祝您工作顺利，阖家幸福！

后　记

在当今这个快速变化的时代，科技进步带来了工作方式的革新，工作方式的演变成为企业和员工必须面对的现实。党的二十大报告强调，全面建成社会主义现代化强国、实现第二个百年奋斗目标，以中国式现代化全面推进中华民族伟大复兴，并提出一系列战略部署和行动指南。报告指出，要深化国资国企改革，加快建设世界一流企业，推动战略性新兴产业融合集群发展，构建新一代信息技术、人工智能、生物技术、新能源、新材料、高端装备、绿色环保等一批新的增长引擎。这意味着更多企业可能采用灵活的工作方式，如远程办公模式，并催生更多适合远程办公的岗位和需求。随着技术的进步，远程办公这一曾被视为未来趋势的办公模式已逐步成为许多企业的日常实践。远程办公不再是一种选择，而是许多组织和个人所倡导并秉持的常态。然而，在此种工作模式下，员工绩效以及创新能力所受的影响值得深入探讨。

本书旨在从系统化和科学化的角度，探讨远程办公对员工工作绩效、越轨创新行为的影响机理。本书通过对现有文献进行综合分析和实证研究，试图回答以下几个关键问题：远程办公是否影响员工的工作绩效和越轨创新行为？它是如何影响员工工作绩效或越轨创新行为的？这种影响的边界条件是怎样的？本书在撰写过程中，采用了多种研究方法，包括文献分析法、问卷调查法和深度访谈法等，以确保研究结论既具有理论深度，又贴近实际工作场景。对于许多企业管理者和从业者来说，如何在远程办公的背景下提高工作绩效、激发创新活力，是一个既现实又紧迫的挑战。希望本书的研究成果，能为企业应对此挑战提供理论支持和实践指导。

在本书的写作过程中，笔者得到了许多同事、学者和行业专家的帮助和支持。在此，特别感谢所有参与本书调研的企业员工，没有他们的积极参与，本书将无法完成。特别感谢所有支持和关注远程办公这一课题的专家学者，是你们的持续关心和关注使得这一研究课题具有更加深远的意义。同时，感谢家人的支持，你们的理解是完成这项工作的重要动力。

最后，期望本书能够激发更多的深入讨论和研究，以帮助人们更全面地理解远程办公这一现象，并为提高员工的工作绩效和创新能力提供切实可行的策略。愿本书能够使企业管理者和员工更深入地领会远程办公的内涵和影响，推动企业绩效和创新能力持续提升。

涂婷婷

2024 年 9 月